D1941658

Alles für eine gute Nacht

Alles für eine GUTE NACHT

Herausgegeben
von Kristin Weigand

Mit Bildern
von Carola Holland

Thienemann

A11 5/1 (1)

Inhalt

Schlaf, Kindchen, schlaf ...
Schlafen will gelernt sein
Ein Elternkapitel von Helma Stuckmann 11

Zehn kleine Zappelmänner
Mit Fingerspielen und Kniereitern ins Bett 17

Zehn kleine Zappelmänner 19
Himpelchen und Pimpelchen 20
Macht die Säge siege-sage 21
Zum Daumen sag ich eins 21
Das ist der Daumen 22
Der ist ins Wasser gefallen 22
Hoppe, hoppe Reiter 23
Erst kommt der Sonnenkäferpapa 24
Nasenmann 25
Gille, gille, Gänschen 25

Es war einmal
eine kleine Gutenachtgeschichte …

und andere Geschichten für die Bettkante 27

Milan Eine kleine Gutenachtgeschichte 29
Michael Ende Das Traumfresserchen 35
Nele Moost Der Mondhund 44
Achim Bröger Kleiner-Bär findet was Schönes 46
Otfried Preußler Das sommersprossigste Kind der Welt 52
Sigrid Heuck Das Mondkuhparadies 57
Erhard Dietl Schlaf gut, kleine Maus 76
Ursula Wölfel Die Geschichte von der Nacht-Ente ... 80
Ulrike Schultheis Mit Jule durch den Tag 81
Ludwig Bechstein Das Märchen vom Mann im Mond 86
Thomas Fuchs Die Lampe 88
Gottfried Keller Die Glühwürmchen und die Sterne 97
Angelika Glitz Monster unter Willis Bett 98
Edith Schreiber-Wicke Ein Rabe kommt selten allein 102
Sigrid Heuck Mond und Elefantenzahn 107
Ulrike Kuckero Gute Nacht, Fränzchen! 113
Ursula Wölfel Die Geschichte vom Gähnen 121
Achim Bröger Ich erzähl mir, wie der Tag war 123
Rebecca Hohlbein Max und das Bettkastenmonster .. 125
Otfried Preußler Wenn Zwottel schnü-schna-schnurcht 134

Manfred Schlüter Kein Mensch hat was gemerkt 139
Hortense Ullrich Herr Schnäufel sucht einen Freund 145
Ursula Wölfel Dunkles Zimmer 154
Ludwig Aurbacher Der Schneider im Mond 155
Theodor Storm Der kleine Häwelmann 158

Weißt du, wie viel Sternlein stehen?
Lieder zum Mitsingen und Einschlafen 165

La-le-lu 167
Schlaf, mein kleines Mäuschen 170
Weißt du, wie viel Sternlein stehen 171
Guter Mond, du gehst so stille 174
Hört, ihr Herrn, und lasst euch sagen 176
Guten Abend, gut' Nacht 180
Schlaf, Kindlein, schlaf! 182
Der Mond ist aufgegangen 186
Müde bin ich, geh zur Ruh 190
Bona Nox 192
Suse, liebe Suse, was raschelt im Stroh 194

Dunkel war's, der Mond schien helle

Gedichte und Verse für eine gute Nacht 197

Marga Arndt Auf dem Apfelbaum 199
Dunkel war's, der Mond schien helle 200
Hedwig Diestel Zwei Vöglein 201
August Hoffmann von Fallersleben Das Lied vom Monde 202
Michael Ende Zum Einschlafen zu murmeln 203
Joseph von Eichendorff Schläft ein Lied in allen Dingen 204
Großer Stern und kleiner Stern 205
Georg Christian Dieffenbach Leise gehet, leise wehet 205
Bianka Minte-König Zehn kleine Müdlinge 206
Vor der Türe 208
Johann Wolfgang von Goethe Ein Gleiches 209
Christian Tielmann Hundemüde Hunde 210
Clemens Brentano Wiegenlied 212
In meinem Garten steht ein Bäumchen 212
Joseph von Eichendorff Mondnacht 213
Der Herr, der schickt den Jockel aus 214
Rainer Maria Rilke Zum Einschlafen zu sagen 218
Blinke, blinke, kleiner Stern 220

Bleib bei mir die ganze Nacht
und andere Abendgebete 221

Abends, wenn ich schlafen geh 223
Bleibe bei uns, Herr 223
Schon glänzt der goldne Abendstern 224
O hab auf mich, dein Kindlein, acht 225
Bleib bei mir die ganze Nacht 225
Der Tag war schön 226
Der Herr segne uns 226

Autorenverzeichnis 229

Alphabetisches Verzeichnis 233

Quellenverzeichnis 237

Schlaf, Kindchen, schlaf ... Schlafen will gelernt sein

Ein Elternkapitel von Helma Stuckmann

»Mama, ich kann nicht einschlafen!« Diesen Ausruf kennen fast alle Eltern. Vater und Mutter, vom Tagesgeschehen ermüdet, hoffen auf einen ruhigen Abend, aber der Nachwuchs findet keine Ruhe.

Manchem Kind fällt es nicht leicht, von der abwechslungsreichen Betriebsamkeit des Tages auf die reizarme Situation des Einschlafens umzuschalten.

Kinder erleben den Schlaf anfangs als verunsichernd, manchmal auch als beängstigend. Er bedeutet die Trennung von den Eltern, das Hingeben an Passivität und Ruhe, das Ausgeliefertsein an die Traumwelt; dazu kommen die Veränderungen der Wahrnehmung unter dem Einfluss der Dunkelheit: Schattenspiele und Geräusche scheinen ein Eigenleben zu haben, das Nervensystem registriert ungewöhnliche Reize als potenziell bedrohlich und schaltet auf wachsame Alarmbereitschaft um.

Grundvoraussetzung für einen guten Schlaf ist, dass das Kind sein Bett als einen angenehmen und sicheren Ort erlebt. Dies erfährt es, indem im Bett nicht nur geschlafen, sondern auch gelesen, geschmust, gespielt oder gesungen wird. Kinder sollten deshalb auch nicht zur Strafe ins Bett geschickt werden.

Einschlafen lässt sich weder anordnen noch erzwingen; es glückt nur in einem inneren Zustand des Loslassens und Entspannens. So wie der Tag zur Nacht allmählich vom Licht zur Dunkelheit übergeht, kann auch das Einschlafen nicht auf Knopfdruck gelingen, sondern braucht Phasen des Übergangs.

Kinder müssen erst lernen, die Zeichen der Müdigkeit an sich zu deuten und sich vom Tagesgeschehen zu lösen. Sie brauchen Hilfen beim Einlassen auf den Schlaf und beim Bewältigen der Geschehnisse in Schlaf und Traum.

Einschlafrituale – den Übergang vom Tag zur Nacht gestalten

Mit Einschlafritualen helfen wir unseren Kindern, sich aus dem erlebnisreichen Tagesgeschehen zu lösen und auch innerlich für die Ruhe der Nacht bereit zu werden. In kleinen Schritten mit ähnlich verlaufenden Aktivitäten (Geschichten oder Gedichte vorlesen, singen, beten, aufziehen der Spieluhr, noch ein Kuss …) erleben die Kinder durch die verlässliche Wiederholung der Abläufe Sicherheit und gewinnen Vertrauen.

Wichtig ist, dass sich die Eltern während dieser Zeit ausschließlich dem Kind zuwenden und nicht gleichzeitig Telefonate oder Hausarbeiten erledigen.

Dieses Buch bietet wie ein Baukasten eine bunte Vielfalt von Gedichten, Gebeten, Fingerspielen und Geschichten, aus denen sich das Einschlafritual je nach Alter individuell gestalten lässt. Auch zum Singen möchte diese Sammlung ermuntern, denn das Wiegenlied hat nicht von ungefähr eine jahrhundertealte Tradition. Aktuelle Forschungen zeigen, dass selbst zu früh geborene Säuglinge entspannter und tiefer schlafen, wenn ihnen zum Einschlafen ein Lied vorgesungen wird.

Neben einem möglichst gleich bleibenden Anfang und Ende kann innerhalb des Einschlafrituals auf die besonderen Bedürfnisse des Kindes individuell eingegangen werden, denn die einzelnen Elemente können immer wieder neu kombiniert werden.

Kinder lieben die Wiederholung und werden mehr und mehr auch ihre Lieblingsgedichte und Lieder einfordern – ja, vielleicht sogar auswendig lernen.

Die Texte und Lieder lassen sich als »Überraschung« nach dem Zufallsprinzip auswählen (mit geschlossen Augen eine Seite aufschlagen) oder auch unter bestimmten Gesichtspunkten zusammenstellen:

Ist das Kind noch aufgeregt und vom Tagesgeschehen gefesselt, kann es mithilfe eines Fingerspiels wie zum Beispiel »Zehn kleine Zappelmänner« langsam von lebhaftem Spiel auf die Abendruhe eingestimmt werden. Auch Lieder bieten sich dafür an, die Aktivität aufzunehmen und in gemeinsame Bahnen zu lenken.

Geschichten wie »Mit Jule durch den Tag« von Ulrike Schultheis oder »Ich erzähl mir, wie der Tag war« von Achim Bröger schaffen den Rahmen dafür, das Erlebte anzusprechen und Abstand dazu zu bekommen.

Lieder wie »La-le-lu« zeigen dem Kind, dass es in seiner Situation verstanden und angenommen wird, und helfen ihm nachzuvollziehen, was die Eltern von ihm wünschen.

Auch die Geschichten von Ursula Wölfel, zum Beispiel »Die Geschichte vom Gähnen«, erleichtern durch ihren Erzählstil das Müdewerden, ebenso Gedichte und Lieder mit gleich bleibenden Refrains. »Schlaf gut, kleine Maus« von Eberhard Dietl bietet sogar einen Countdown zum Einschlafen an.

Fantasievolle Texte und Lieder bieten dem Kind eine Brücke, von der Betriebsamkeit des Tages in schöne und wohltuende Träume hineinzufinden. Mit den so entstehenden inneren Bildern lässt sich auch die »Langeweile« beim Einschlafen besser aushalten. »Dunkel wars, der Mond schien helle«... was kann man sich dazu nicht alles ausmalen?

Die Trennung von den Eltern ist bei Kindern häufig mit der Angst vor dem Alleinsein in der Dunkelheit verbunden. Es kann hilfreich sein, dem Kind einen »Schutzengel« an die Seite zu stellen oder ihm ein »Sternchen« zu zeigen, die es auch dann bewachen werden, wenn die Eltern nicht zu sehen sind. Ebenfalls kann der Mond ein treuer Wächter und Freund sein. Wer kennt nicht das Lied »Der Mond ist aufgegangen«?

Gesungen oder gesprochen entfaltet der Text eine beruhigende Wirkung.

Der Wunsch nach Geborgenheit in der Nacht findet sich in vielen Gebeten, Gedichten und Liedern wieder. Auch wenn der Kirchgang nicht unbedingt zum Familienalltag gehört, mögen es viele Kinder und Eltern, gemeinsam die Hände zu falten und in einem Gebet um den Segen für die Gute Nacht zu bitten, vielleicht mit »Bleib bei mir die ganze Nacht« für jüngere Kinder oder »Schon glänzt der goldne Abendstern« für die etwas Älteren.

Hat das Kind Angst vor schlechten Träumen oder macht es sich Gedanken über die Abläufe der Nacht, bieten ein Bilderbuch oder eine Geschichte die Möglichkeit, ihm kindgerechte und fantasievolle Antworten auf seine Fragen zu geben, beispielsweise »Mond und Elefantenzahn« von Sigrid Heuck oder das wunderschön stille Gedicht von Georg Christian Dieffenbach »Leise gehet, leise wehet«.

Die verunsichernden Geräusche und Schatten in der Nacht lassen sich leichter verarbeiten, wenn das Kind sich in seiner Angst ernst genommen und verstanden weiß, wie in »Max und das Bettkastenmonster« von Rebecca Hohlbein oder »Das Traumfresserchen« von Michael Ende.

Dieser bunte »Einschlafbaukasten« stellt den Eltern (Babysittern, Großeltern, Paten …) vielfältiges und facettenreiches Material zur Verfügung, mit dem die Übergänge zwischen Tag und Traum immer wieder neu gestaltet und der Tagesform und dem Alter der Kinder individuell angepasst werden können. Das kann noch nicht einmal das Sandmännchen im Fernsehen leisten. Diese Sammlung möchte so über viele Jahre ein Begleiter für Groß und Klein sein.

Nicht vergessen werden darf, dass auch das schönste Ritual unbedingt einen klaren Schlusspunkt benötigt, denn deutliche Grenzen geben Sicherheit und Geborgenheit.

In diesem Sinn:
»Schlaf gut, kleine Maus.
Und träum' was Schönes.«

Helma Stuckmann, Jahrgang 1957, studierte Sonderpädagogik und Germanistik in Dortmund und arbeitete viele Jahre als Sonderschullehrerin an einer Schule für geistig Behinderte. Nun gibt sie Fortbildungen zu den Themen »Wahrnehmungsförderung« und »Entwicklungsbegleitung«, berät Eltern und Erzieher und leitet ein familienpolitisches Bündnis in ihrem Heimatort. Helma Stuckmann lebt mit ihrem Mann und ihren Töchtern, acht und zehn Jahre alt, in Steyerberg (Niedersachsen).

Zehn kleine Zappelmänner

Mit Fingerspielen und Kniereitern ins Bett

Zehn kleine Zappelmänner

Zehn kleine Zappelmänner
zappeln hin und her,
zehn kleine Zappelmänner
finden's gar nicht schwer.
Zehn kleine Zappelmänner zappeln auf und nieder,
zehn kleine Zappelmänner tun das immer wieder.

Zehn kleine Zappelmänner zappeln ringsherum,
zehn kleinen Zappelmännern scheint das gar nicht dumm.
Zehn kleine Zappelmänner
spielen gern Versteck,
zehn kleine Zappelmänner
sind auf einmal weg.

Die Arme werden mit zappelnden Fingern hin- und herbewegt, danach auf und ab und anschließend überkreuz. Zuletzt die Fäuste hinter dem Rücken verstecken.

Himpelchen und Pimpelchen

Himpelchen und Pimpelchen stiegen auf einen Berg.
Himpelchen war ein Heinzelmann, Pimpelchen ein Zwerg.
Sie blieben lange dort oben sitzen
und wackelten mit ihren Zipfelmützen.

Himpelchen und Pimpelchen sind die Daumen, die nach oben gereckt werden und hin- und herwackeln.

Doch nach zweiundfünfzig Wochen
sind sie in den Berg gekrochen.
Dort schlafen sie in süßer Ruh'.
Seid mal still und hört gut zu: chrr, chrr, chrr.

Die Daumen kriechen in die Fäuste, danach werden die Handflächen wie zum Schlafen zusammengelegt. Wenn das Kind sie ans Ohr hält, hört es die zwei schnarchen.

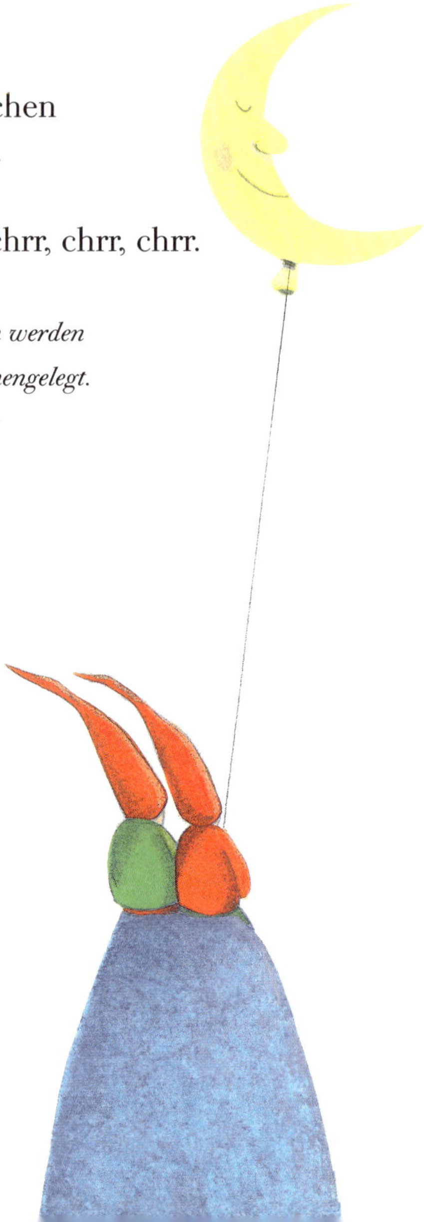

Macht die Säge siege-sage

Macht die Säge siege-sage,
macht die Wiege wiege-wage.
Wiege-wage macht der Wind,
auf den Knien reit’ mein Kind.

Zum Daumen sag ich eins

Zum Daumen sag ich eins,
zum Zeigefinger zwei,
zum Mittelfinger drei,
zum Ringfinger vier,
zum kleinen Finger fünf.
Hab alle ins Bettchen schlafen gelegt,
still, dass keines sich mehr regt.

Die Finger werden nacheinander emporgereckt. Am Schluss beide Handflächen zueinander führen und an die Wange »zum Schlafen« legen.

Das ist der Daumen

Das ist der Daumen,
der schüttelt die Pflaumen,
der hebt sie auf,
der trägt sie nach Haus,
und der kleine Schelm – isst sie alle auf.

Die Finger werden nacheinander angetippt, der kleine Finger am Schluss etwas hin- und hergeschüttelt.

Der ist ins Wasser gefallen

Der ist ins Wasser gefallen,
der hat ihn herausgezogen,
der hat ihn ins Bett gelegt,
der hat ihn zugedeckt
und der kleine Schelm
hat ihn wieder aufgeweckt.

Die Finger werden nacheinander angetippt, der kleine Finger am Schluss etwas hin- und hergeschüttelt.

Hoppe, hoppe Reiter

Hoppe, hoppe Reiter,
wenn er fällt, dann schreit er.
Fällt er in den Graben,
fressen ihn die Raben.
Fällt er in die Hecken,
fressen ihn die Schnecken.
Fällt er in den Sumpf,
macht der Reiter plumps!

Erst kommt der Sonnenkäferpapa

Erst kommt der Sonnenkäferpapa,
dann kommt die Sonnenkäfermama
und hinterdrein, ganz klitzeklein,
die Sonnenkäferkinderlein.
Sie haben rote Röckchen an,
mit kleinen schwarzen Pünktchen dran.
Erst kommt der Sonnenkäferpapa,
dann kommt die Sonnenkäfermama
und hinterdrein, ganz klitzeklein,
die Sonnenkäferkinderlein.

Bei Sonnenkäfermama und -papa
mit allen Fingern einer Hand
am Arm des Kindes hochkrabbeln.
Bei den Sonnenkäferkinderlein dasselbe
nur mit zwei Fingern machen.
Die Röckchen werden auf die Hand
gestreichelt und die Pünktchen mit
dem Finger getupft.

Nasenmann

Kommt ein Mann den Berg hinauf,
klingelt,
klopft an,
guten Tag, Herr Nasenmann.

Mit den Fingern am Arm des Kindes hochkrabbeln, sanft an seinem Ohrläppchen ziehen, an die Schläfe klopfen und zum Schluss vorsichtig an die Nase greifen und damit hin- und herwackeln.

Gille, gille, Gänschen

Ich geb dir 'nen Taler,
gehst auf den Markt,
kaufst dir 'ne Kuh
und ein Kälbchen dazu,
Kälbchen hat ein Schwänzchen,
gille, gille, Gänschen.

Dem Kind symbolisch einen Taler in die Hand drücken und bei jeder Zeile die Handaußenfläche streicheln, zum Schluss sanft in der Handinnenfläche kitzeln.

Es war einmal eine kleine Gutenacht-Geschichte …

und andere Geschichten
für die Bettkante

Milan

Eine kleine Gutenachtgeschichte

Es war einmal eine kleine Gutenachtgeschichte. Sie war so winzig klein, dass alle sie nur »die kleine Geschichte« nannten.

Obwohl sie noch so klein war, wünschte sie sich so sehr gehört zu werden. Darum fragte sie die anderen Geschichten, ob sie ihre kleine Geschichte anhören wollten.

»Nein, nein und nein!«, antworteten alle. »Wir haben keine Zeit für deine Geschichte!«

»Schade, schade«, sagte die kleine Geschichte und versuchte immer und immer wieder ihre Geschichte zu erzählen. Aber niemand wollte sie hören.

Schließlich fragte sie eine riesengroße Geschichte um Rat, was sie tun sollte, damit ihr doch jemand zuhörte.

Die riesengroße Geschichte schlug ihr vor: »Geh in die Stadt, vielleicht wirst du dort jemanden finden, der deine kleine Geschichte hören will.«

»Das werde ich tun«, sagte die kleine Geschichte glücklich und machte sich am nächsten Morgen auf den Weg.

Als sie in die Stadt kam, sah sie dort viele Menschen auf den Straßen. Als Erstes traf sie einen Mann mit einem sehr, sehr ernsten Gesicht. Sie fragte ihn: »Möchtest du meine kleine Gutenachtgeschichte hören?«

»Ist das eine wichtige Geschichte?«, fragte der Mann mit dem ernsten Gesicht.

»Nein, es ist überhaupt keine wichtige Geschichte, es ist nur eine kleine Gutenachtgeschichte.«

»Ich habe keine Zeit für unwichtige Geschichten!«, sagte der Mann und ging seines Weges.

»Schade, schade«, sagte die kleine Geschichte und suchte weiter nach jemandem, dem sie ihre Geschichte erzählen könnte.

Es dauerte nicht lange, bis sie eine Frau mit einem Pelzmantel traf. »Entschuldigung, bitte«, sagte die kleine Geschichte, »möchtest du meine kleine Gutenachtgeschichte hören?«

»Ist das eine kostbare Geschichte?«, fragte die Frau mit eisigem Lächeln.

»Nein, es ist überhaupt keine kostbare Geschichte, es ist nur eine kleine Gutenachtgeschichte«, sagte die kleine Geschichte mit strahlendem Lächeln.

»Dafür vergeude ich nicht meine kostbare Zeit«, sagte die Frau mit dem eisigen Lächeln und ging ihres Weges.

Es dauerte nicht lange, bis die kleine Geschichte einen Mann mit einem großen Hut traf.

»Möchtest du meine kleine Gutenachtgeschichte hören?«, fragte sie.

»Ist das eine mächtige Geschichte?«, fragte der Mann mit dem riesengroßen Hut.

»Nein, es ist überhaupt keine mächtige Geschichte, es ist nur eine kleine Gutenachtgeschichte.«

»Ich habe keine Zeit für winzige Geschichten!«, sagte der Mann mit dem großen Hut und ging seines Weges.

Die kleine Geschichte versuchte an diesem Tag noch unzählige Male ihre Geschichte zu erzählen, aber sie konnte wahrhaftig niemanden finden, der ihr zuhören wollte. Traurig und müde machte sie sich am Abend wieder auf den Weg zurück nach Hause.

Weil sie so müde war, setzte sie sich auf einen kleinen Stein, um sich ein wenig auszuruhen. Da hörte sie durch ein offenes Fenster ein Kind weinen.

Sofort kletterte sie durch das Fenster und sah ein kleines Mädchen, das in ihrem Bett lag.

»Warum weinst du?«, fragte die kleine Geschichte.

»Ich weine, weil ich weinen muss«, antwortete das kleine Mädchen.

»Das sehe ich, aber warum musst du weinen?«, fragte die kleine Geschichte. »Komm! Mir kannst du das ruhig erzählen.«

»Ich weine«, sagte das Mädchen, »weil mein Vater noch nicht von der Arbeit nach Hause gekommen ist, meine Mama ist zum Yoga gegangen, meine Schwester tanzt in der Disco und mein Bruder spielt in seinem Zimmer mit dem Computer.«

»Schade, schade«, sagte die kleine Geschichte.

»Keiner ist da, um mir eine kleine Gutenachtgeschichte zu erzählen. Ich möchte so gerne zum Einschlafen eine kleine Geschichte hören!«

»Ich kann dir eine kleine Geschichte erzählen. Doch, das kann ich!«, sagte die kleine Geschichte und nahm das kleine

Mädchen in den Arm. »Hör gut zu! Die Geschichte geht so: Es war einmal eine kleine Gutenachtgeschichte. Sie war so winzig klein, dass alle sie nur die kleine Geschichte nannten. Obwohl sie noch so klein war, wünschte sie sich so sehr gehört zu werden. Darum fragte sie die anderen Geschichten, ob sie ihre kleine Geschichte anhören wollten.

Nein, nein und nein!, antworteten alle. Wir haben keine Zeit für deine Geschichte!

Schade, schade, sagte da die kleine Geschichte und versuchte immer und immer wieder ihre Geschichte zu erzählen. Aber niemand wollte sie hören.

Schließlich fragte sie eine riesengroße Geschichte um Rat, was sie tun sollte, damit ihr doch jemand zuhörte.

Die riesengroße Geschichte schlug ihr vor: Geh in die Stadt, vielleicht wirst du dort jemanden finden, der deine kleine Geschichte hören will.

Das werde ich tun, sagte die kleine Geschichte glücklich und machte sich am nächsten Morgen auf den Weg.

Als sie in die Stadt kam, sah sie dort viele Menschen auf den Straßen. Als Erstes traf sie einen Mann mit einem sehr ernsten Gesicht. Sie fragte ihn: Möchtest du meine kleine Gutenachtgeschichte hören?

Ist das eine wichtige Geschichte?, fragte der Mann mit dem ernsten Gesicht …« Weiter konnte die kleine Geschichte nicht

mehr erzählen, weil sie sah, dass das kleine Mädchen eingeschlafen war.

Glücklich darüber, dass sie jemanden gefunden hatte, der ihr zuhörte, ging sie nach Hause. Unterwegs hat sie gesungen, gepfiffen und gelacht.

Plötzlich traf sie auf einer Kreuzung die riesengroße Geschichte wieder.

»Warum singst, pfeifst und lachst du?«, fragte die riesengroße Geschichte.

»Weil ich so glücklich bin!«

»Das verstehe ich nicht. Wie kann eine so winzig kleine Geschichte glücklich sein!«

»Ganz einfach, ich habe jemanden gefunden, ein kleines Mädchen, und ich habe ihr eine Geschichte erzählt und sie ist glücklich eingeschlafen.«

»Das glaube ich nicht!«

»Oh ja, doch, doch!«

»Du kannst wirklich solche Geschichten erzählen, dass die Kinder einschlafen?«

»Ja, ja, das kann ich!«

»Das glaube ich nicht! Wie soll das gehen?«

»Es ist ganz einfach: Ich erzähle meine kleine Gutenachtgeschichte und die Kinder schlafen glücklich ein.«

»Diese Geschichte möchte ich unbedingt kennenlernen!«

»Ich will sie dir gerne erzählen! Hör gut zu! Die Geschichte geht so: Es war einmal eine kleine Gutenachtgeschichte. Sie war so winzig klein, dass alle sie nur die kleine Geschichte nannten. Obwohl sie noch so klein war, wünschte sie sich so sehr gehört zu werden. Darum fragte sie die anderen Geschichten, ob sie ihre kleine Geschichte anhören wollten.

Nein, nein und nein!, antworteten alle. Wir haben keine Zeit für deine Geschichte!

Schade, schade, sagte die kleine Geschichte und versuchte immer und immer wieder ihre Geschichte zu erzählen. Aber niemand wollte sie hören. Schließlich fragte sie eine riesengroße Geschichte um Rat, was sie tun sollte, damit ihr doch jemand zuhörte.

Die riesengroße Geschichte schlug ihr vor: Geh in die Stadt, vielleicht wirst du dort jemanden finden …« Weiter konnte die kleine Geschichte nicht erzählen, weil die riesengroße Geschichte auch eingeschlafen war.

Glücklich darüber, dass sie noch jemanden gefunden hatte, der ihr zuhörte und der dabei eingeschlafen war, lief sie singend, pfeifend und lachend nach Hause. Plötzlich traf sie auf der nächsten Kreuzung …

Michael Ende

Das Traumfresserchen

In Schlummerland ist das Wichtigste für alle Leute das Schlafen. Deshalb heißt das Land so. Dabei kommt es ihnen aber nicht so sehr darauf an, wie viel oder wie lange einer schlafen kann, sondern wie gut. Das ist ein Unterschied. Wer gut schlafen kann, so meinen die Schlummerländer, der hat ein freundliches Gemüt und einen klaren Kopf. Und deswegen machen sie denjenigen, der am besten schlafen kann, zu ihrem König.

Einmal gab es dort einen König und eine Königin, die hatten eine kleine Tochter mit Namen Schlafittchen. Das ist ein hübscher Name und die kleine Prinzessin war auch ein hübsches Kind. Das musste jeder zugeben, der sie einmal gesehen hatte. Sie wohnte bei ihren Eltern im Traumschloss und schlief in einem riesigen, blütenweißen Himmelbett.

Trotzdem wollte die kleine Prinzessin Schlafittchen abends nie ins Bett gehen und erfand immer neue Vorwände, um noch ein wenig aufzubleiben. Aber in Wirklichkeit fürchtete sie sich vor dem Einschlafen.

Und warum fürchtete sie sich so sehr davor? Weil sie dann oft sehr böse Träume hatte.

Das ist schon für große Leute schlimm, für kleine ist es noch viel schlimmer, aber am allerschlimmsten ist es für eine kleine Prinzessin, die Schlafittchen heißt und in Schlummerland lebt.

»Es ist eine Schande!«, sagten die Leute und schüttelten bedenklich die Köpfe. König und Königin wurden immer betrübter und deshalb schliefen sie auch nicht mehr so gut, wie es sich gehörte. Und die kleine Prinzessin wurde immer blasser und magerer.

»Was können wir bloß tun?«, seufzte die Königin. »Wir können nur hoffen, dass die bösen Träume nicht wiederkommen.«

Aber sie kamen doch, immer wieder und wieder. Da ließ der König alle Ärzte und Professoren des Landes kommen. Sie standen um das große Bett der kleinen Prinzessin und redeten lateinisch und verschrieben ihr eine Unmenge Medizin. Aber nichts half. Nun schickte der König Boten aus in alle anderen Länder, die sollten alle alten Schäfer und Kräuterweiber, Bauern und Matrosen fragen. Aber niemand wusste Rat.

Schließlich ließ der König überall Plakate ankleben und in alle Zeitungen drucken, dass er demjenigen, der seine Tochter von ihren schlimmen Träumen befreien könnte, eine große Belohnung geben wollte. Aber niemand meldete sich.

»Dann werde ich mich eben selbst auf die Suche machen«, sagte der König eines Tages.

»Tu das!«, antwortete die Königin hoffnungsvoll. Sie bügelte ihm seinen Reiseanzug, den er schon lang nicht mehr getragen hatte, und packte ihm einen Rucksack voll Proviant. So ging der König in die Welt hinaus.

Er fragte jeden Menschen, der ihm begegnete: Eisenbahn-

schaffner und Feuerwehrleute, Schullehrer und Fabrikarbeiter, Taxifahrer und Gemüsefrauen, er fragte Cowboys und Eskimos, Kinder auf der ganzen Welt und uralte Chinesen, aber nicht einen Menschen fand er, der ein Mittel gegen böse Träume wusste.

Am Ende war der König ganz müde und mutlos geworden. Er wusste nicht mehr, wo er noch hingehen sollte. Und nach Hause zurückkehren mochte er auch nicht, so unverrichteter Dinge.

Also ging er einfach immer weiter, ohne auf den Weg achtzugeben. Es wurde immer dunkler, denn die Nacht brach herein. Ein eisiger Wind wehte und Schnee begann vom Himmel zu fallen. Der König hatte gar nicht gemerkt, dass es inzwischen Winter geworden war.

Und schließlich hatte er sich verirrt. Er war auf eine große, große Heide geraten. Die verschneiten Ginsterbüsche um ihn her sahen aus wie allerlei seltsame und unheimliche Gestalten. Aber der König war viel zu müde und betrübt, um sich zu fürchten.

Nach einer Weile sah er in der Ferne etwas zwischen den Ginsterbüschen glitzern und funkeln. Es glich einem Stückchen Mondlicht, das umherhüpfte, so geschwind, dass man ihm mit den Augen kaum folgen konnte.

Beim Näherkommen sah der König, dass dieses Stückchen silbernen Mondlichts Arme und Beine hatte und einen großen Kopf voller Stacheln wie eine Distel oder ein Igel. Das Kerlchen blickte den König mit glitzernden Sternenaugen an und bewegte das Gesicht in tausend lachenden Fältchen. Aber das Allerseltsamste an ihm war sein ungeheuer großer

Mund, den es immerfort aufsperrte wie ein hungriger kleiner Vogel seinen Schnabel.

»Ach, wer lädt mich ein? Ach, wer lädt mich ein?«, rief das Männchen immerfort mit einer feinen, knisternden Stimme. »Ich hab so schrecklichen Hunger! Wenn mich nicht bald jemand zum Essen einlädt, dann muss ich mich selbst verschlucken!« Und es klappte seinen Mund so weit auf, dass nicht nur sein Kopf, sondern seine ganze spindelige kleine Gestalt hinter dem Loch verschwand.

»Ich habe mich verirrt«, sagte der König, »bitte sag mir, wie ich aus dieser Heide wieder hinausfinde.«

»Hier findet niemand hinaus«, antwortete das Männchen, »außer mit mir gemeinsam. Und ich kann nur fort, wenn mich jemand zum Essen einlädt.«

Der König suchte in seinem Rucksack, aber der war leer. »Leider habe ich nichts mehr«, sagte der König freundlich, »sonst würde ich dir gerne ein Butterbrot geben.«

»Pfui, Schmatzschwatz!«, rief das Männchen grob. »Auf so was pfeif ich sowieso! Du kennst mich wohl gar nicht, he? Weißt nicht, was mir schmeckt? Was suchst du dann hier überhaupt?«

»Ich suche jemanden«, erwiderte der König, »der meine Tochter Schlafittchen von ihren bösen Träumen befreien kann.« Das mondlichtige Männchen machte einen Luftsprung und war nun plötzlich sehr höflich.

»Zibbeldibix!«, wisperte es. »Da werde ich also heute doch noch was Vernünftiges zu schlucken kriegen! Man lädt mich ein! Man lädt mich ein! Rasch, gib mir deinen Mantel! Und deine Stiefel brauche ich auch! So, und jetzt noch deinen Stock, damit ich zu der Einladung gehen kann.«

Der König war so verdutzt, dass er ihm alles gab, ohne sich zu wehren.

»Du denkst wohl, ich will dir die Sachen einfach wegnehmen, he?«, kicherte das Kerlchen. »Das will ich auch. Bin aber doch kein Räuber. Wirst gleich sehen, dass du gut dran getan hast, dich nicht zu weigern. Jetzt kann uns allen dreien geholfen werden, dir, deinem Kind, aber vor allem mir, dem Traumfresserchen!«

Dann pfiff es und schnalzte mit der Zunge, und ehe der König noch »Wieso?« fragen konnte, hatte das Männchen die Sachen verwandelt: Der Mantel wurde ein großer Bogen schönes weißes Papier, der Stock wurde ein gewaltiger Federhalter und die Stiefel ein riesiges Tintenfass. Das Kerlchen tunkte die Feder in die Tinte und malte in Windeseile folgenden Spruch auf das Papier:

Traumfresserchen, Traumfresserchen!
Komm mit dem Hornmesserchen!
Komm mit dem Glasgäbelchen!
Sperr auf dein Schnapp-Schnäbelchen!
Träume, die schrecken das Kind,
die lass dir schmecken geschwind!
Aber die schönen, die guten sind mein,
drum lass sie sein!
Traumfresserchen, Traumfresserchen,
dich lad ich ein!

Dann rollte es das Papier zusammen und gab es dem König. »Und nun«, rief es, »lauf schnell zu Schlafittchen und sag ihr, sie soll den Spruch aufsagen. Ich hoffe, dass ich bald einen richtigen saftigen bösen Traum in meinen Magen bekomme. Mir läuft schon das Wasser im Mund zusammen. Steh doch nicht so dumm herum! Los, lauf doch schon!«

»Ja, weißt du«, sagte der König verwirrt, »ich war sehr lange unterwegs, bis ich hierher kam. Mein Schloss ist am anderen Ende der Welt. Es wird wohl eine ganze Weile dauern, bis ich wieder bei Schlafittchen bin.«

»Klapperadux!«, knurrte das Männchen. »Was seid ihr Menschen doch für langweilige Wesen. Und ich kann hier nicht weg, wenn ich nicht mit dem Spruch gerufen werde.«

»Was machen wir nur?«, fragte der König ganz unglücklich.

»Weißt du was?«, kicherte das Kerlchen. »Du könntest mich ja stellvertretend für dein Töchterchen rufen.«

»Glaubst du, das wird gehen?«

»Wir müssen es eben einfach ausprobieren«, meinte das Männchen, »los, sag den Spruch auf!« Es zog aus seiner rechten Tasche ein hörnernes Messerchen und aus seiner linken ein gläsernes Gäbelchen, und dann stellte es sich in Startposition auf wie ein Schnell-Läufer.

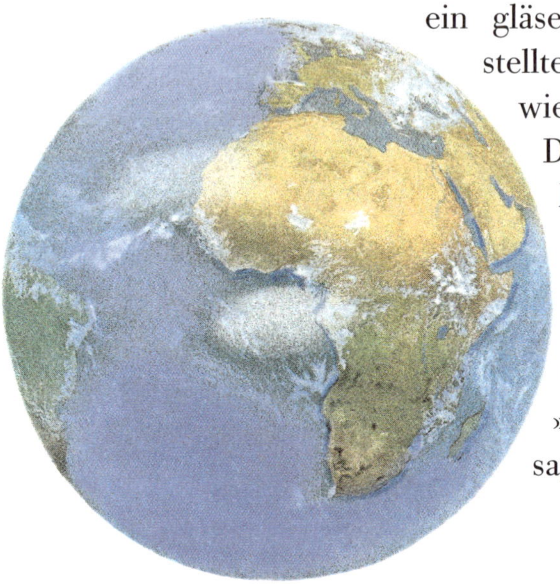

Der König rollte das große Papier auseinander und wollte zu lesen anfangen, doch da fiel ihm noch etwas ein und er ließ das Blatt wieder sinken.

»Hör mal, Traumfresserchen«, sagte er besorgt, »wenn du weg

bist – was wird denn dann eigentlich aus mir? Allein finde ich doch aus dieser Wildnis nie wieder nach Hause. Und Mantel und Schuhe habe ich auch nicht mehr. Soll ich hier erfrieren?«

»Schlabberadatsch!«, brummte das Kerlchen. »Was seid ihr Menschen doch für Umstandskrämer! Also los, setz dich auf meine Schultern, dann werde ich dich tragen.«

Der König war ein ziemlich gewichtiger Mann und es schien ihm mehr als zweifelhaft, dass das winzige Kerlchen ihn würde tragen können.

Aber es blieb ihm nichts anderes übrig, als den Versuch zu machen. Er hockte sich also vorsichtig auf die stacheligen Schultern des Männchens, rollte von neuem das Papier auseinander und las den Spruch vor.

Und kaum hatte er die letzte Zeile aufgesagt, da sauste das Traumfresserchen los, dass die Welt nur so vorbeiflog.

»Es geht!«, schrie es schrill. »Siehst du, es geht!«

»S-s-sag mir nur«, stotterte der König erschrocken und hielt sich die Krone fest, »du frisst – oh, entschuldige, ich wollte sagen, du isst – gern böse Träume?«

Huschschsch! Da kamen sie gerade am Nordpol vorüber.

»Mit Stumpf und Stiel!«, rief das Männchen. »Je böser, desto lieber und je mehr, desto besser!«

Wischschsch! Da flog Amerika vorbei.

»Und die guten und schönen Träume«, fragte der König und schnappte nach Luft, »die magst du nicht? Das finde ich seltsam.«

»Gar nicht seltsam!«, keuchte das Männchen, schon ein wenig außer Atem. »Weißt du nicht, dass Igel am liebsten Schlangen und Schnecken essen? Und ich bin eben sozusagen ein Traumigel, deshalb schmecken mir böse Träume. So bin ich gemacht und dazu bin ich da, punktum!«

Wuschschsch! Da waren sie schon über Afrika hinweggeflogen.

»Aber warum«, stammelte der König, dem fast Hören und Sehen verging, »warum kommst du denn nicht einfach von allein?«

»Hab ich doch schon gesagt«, hechelte das Männchen, »ich kann nur kommen, wenn man mich einlädt! Und ich nehme nur, was man mir schenkt.«

Plumps! Da stand mit einem Schlag die Welt wieder still. Und als der König sich umschaute, da saß er mitten im Zimmer seiner kleinen Tochter auf dem Boden.

Die Königin saß bei Schlafittchen am Bett und beide machten große Augen.

»Ich hab's!«, rief der König und zeigte ihnen den Spruch auf dem Papier. Und dann fielen sich alle drei vor Freude in die Arme.

Von nun an sagte die Prinzessin Schlafittchen jedes Mal, wenn sie Angst vor bösen Träumen hatte, den Spruch auf und lud das Traumfresserchen ein. Gesehen hat sie es zwar nie, aber manchmal, während sie einschlief, hörte sie noch ein feines knisterndes Stimmchen sagen: »Schlaf gut, mein Kind,

keine Sorge! Ich pass schon auf. Und schönen Dank auch für die Einladung!«

Und das Traumfresserchen muss wohl wirklich da gewesen sein, denn die kleine Prinzessin hatte keinen einzigen bösen Traum mehr. Ihre Backen wurden wieder rot und rund und alle Bewohner von Schlummerland waren stolz auf sie, denn so gut wie sie konnte keiner schlafen.

Und damit auch alle anderen Kinder das Traumfresserchen rufen können, wenn sie es brauchen, ließ der König die ganze Geschichte samt dem Spruch aufschreiben und in ein Buch drucken. Das ist hiermit geschehen.

Nele Moost

Der Mondhund

Der kleine und der große Hund waren dicke Freunde. Der große Hund konnte alles. Der kleine Hund konnte wenig, aber das machte nichts. Der große Hund war ja sein Freund.

Abends erzählte der kleine Hund seinem Freund Geschichten vom Hund im Mond. Dann schauten sie gemeinsam in den Himmel und sie erkannten den kleinen blauen Hund im Mond ganz genau.

Die beiden Freunde hatten große Pläne für die Zukunft.

Eines Tages aber kam ein anderer Hund. Und der große Hund wollte von dem kleinen nichts mehr wissen.

Auf einmal war sogar der Mond leer. Wenn man traurig ist, kann man nicht mal den Mondhund sehen, dachte der kleine Hund.

»Natürlich nicht, ich bin ja hier!«, sagte der Mondhund, der zu Besuch auf die Erde gekommen war.

Der kleine Hund spielte die ganze Nacht mit dem Mondhund. Sie kitzelten die Sterne, bis sie schnuppten. Sie bissen vom Mond ab, bis er sichelte. Und sie tanzten auf dem Licht, bis es erbleichte.

Dann kam der Morgen und der blaue Hund musste fort.

»Nicht weggehen!«, rief der kleine Hund.

Und der Mondhund antwortete: »Ich komme wieder, sooft du willst.«

Am nächsten Tag erinnerte sich der große Hund daran, wie schön es immer mit dem kleinen Hund gewesen war.

»Spielst du mit uns?«, fragte er ihn.

Der kleine Hund freute sich und sie blieben den ganzen Tag zusammen.

Am Abend aber schloss der kleine Hund die Augen und wartete auf seinen blauen Freund.

Achim Bröger

Kleiner-Bär findet was Schönes

Kleiner-Bär schlurft durch den Wald. Dazu brummt er eine Melodie und überlegt: Geh ich nach Hause zu Mama-Bär und Papa-Bär? Abendessen mit den beiden wär jetzt eigentlich nicht schlecht.

Am Waldrand trottet er um eine Hecke. Da liegt etwas auf der Erde, rührt sich nicht. Es ist weiß, ziemlich dick und größer als Kleiner-Bär.

Er sieht sich das Ding genau an und er zupft daran.

Dann hebt er es hoch. Leicht ist es und weich.

Jetzt wirft er das dicke Ding auf den Boden. Mit Anlauf und Gebrumm springt er rein. Kleiner-Bär wälzt sich darin.

Und er zieht es über sich.

Plötzlich krächzt jemand oben im Baum. Kleiner-Bär guckt unterm gemütlichen weißen Ding vor. Ach, sein Freund, der Rabe, sitzt schwarz auf einem Ast.

»Hallo, Kleiner-Bär«, begrüßt er ihn. »Du bist kaum zu erkennen.«

»Hallo, Räb«, brummt Kleiner-Bär. Er steht auf und winkt mit beiden Tatzen. Rückwärts lässt er sich dann ins weiche Spielding plumpsen und er fragt: »Weißt du, was das ist?«

Der große Vogel legt seinen Kopf schief, überlegt lange und krächzt: »Sieht aus wie eine Wolke.«

»Ist aber keine«, sagt Kleiner-Bär. »Wolken liegen nämlich nie im Wald herum und sie fliegen. So ...«

Er springt auf und schleudert das dicke weiße Ding in den Baum. Zwischen einer Astgabel bleibt es hängen.

»Bestimmt haben es die Menschen weggeworfen«, krächzt Räb. »Die werfen ja manchmal an den Waldrand, was sie nicht mehr gebrauchen können.«

Kleiner-Bär klettert zum weißen Ding im Baum und legt sich rein. »Ist wunderbär gemütlich«, schwärmt er.

»Wunderbar heißt das«, verbessert sein Rabenfreund.

»Meinetwegen«, sagt Kleiner-Bär. »Ich kann darin faulenzen und damit kuscheln«, fällt ihm ein. »Toll ist das. Sehr toll. Ich weiß nur nicht, wie es heißt. Aber ich kenne jemanden, der das bestimmt weiß. Den frag ich später.«

Er lässt sich auf den Waldboden fallen. Landet auf allen vieren. Dann streckt er sich hoch und kratzt mit seiner spitzen Kralle am dicken Ding.

Da fällt etwas raus. Schwebt sehr leicht und weiß nach unten. Und vor dem kleinen Bären liegt eine Feder.

»Hallo, Ding, du hast was verloren«, brummt er. Aber das hängt groß in der Astgabel und rührt sich nicht.

Kleiner-Bär zupft an der offenen Stelle. Noch eine und noch eine Feder fällt heraus. »Du, Vogel«, sagt er, »das Ding ist mit dir verwandt. Es hat Federn, allerdings innen. Du hast sie außen.«

»Seltsam«, krächzt der schwarze Vogel.

Kleiner-Bär steht unterm Ding. Er zupft wieder. Nun fallen

immer mehr Federn auf ihn. Überfallen ihn, ganz leicht, ganz sanft. Lauter weiße Federn auf braunem Fell. Vogelschnee auf Bärenfell.

»Du bist ein Federbär«, krächzt der Rabe begeistert. »Flieg los!«

Verblüfft sieht Kleiner-Bär zum Vogel hinauf. Dann hüpft Kleiner-Bär hoch und höher. Federn flattern um ihn. Er brummt und kichert. Fühlt sich leicht und lustig. Dazu schlägt er mit seinen Armen, wedelt.

»Du schaffst es! Flieg!«, feuert ihn der Vogel an.

Noch einmal hüpft Kleiner-Bär, ist höher gehüpft als bisher. Und er hat sich noch leichter gefühlt. Vielleicht war das eben schon ein bisschen Fliegen, denkt er.

Kleiner-Bär ist außer Puste. »Ich muss Schluss machen«, sagt er. »Jetzt kannst du eigentlich mal das Brummen üben, Vogel. Willst du?«

Der nickt und Kleiner-Bär brummt was vor. Der Vogel brummt es nach. Am Anfang klingt es ja etwas krächzig. Aber langsam brummt sich der Vogel wirklich ein.

Schließlich sagt Kleiner-Bär: »So … genug geübt und gut gebrummt, Räb. Ich geh nach Hause, Abendbrot futtern. Morgen komme ich wieder. Dann spielen wir noch mal mit dem weißen Ding.«

»Ist gut«, brummt der Vogel.

Jetzt nimmt Kleiner-Bär eine Feder in die Tatze. »Für

Mama-Bär und Papa-Bär«, sagt er. »Als Geschenk und als Beweis. Damit sie mir glauben, dass ich so was Schönes und Interessantes gefunden habe.« Er trottet los. Die Feder in der Tatze und durch den Wald. Der große schwarze Vogel winkt mit einem Flügel hinterher.

Unterwegs fällt dem kleinen Bären ein, dass er jemanden fragen wollte, wie das weiße Ding heißt. Deswegen trabt er zum Flussufer. Dort, in der dritten Biegung, hat er nämlich eine Geheimschublade. Die zieht er auf und eine klapprige Stimme begrüßt ihn: »Hallo, Bär. Schön, dass du vorbeikommst.«

»Grüß dich, alte Schreibmaschine«, brummt er. Auch die Maschine hat er mal am Waldrand gefunden. Weggeworfen und kaputt. Völlig verklemmt. Kleiner-Bär hob sie hoch und pustete drüber. Dann tatzte er einmal dagegen. Zuerst ächzte sie und danach klapperte sie los: »Danke, ich bin Achim, die alte Schreibmaschine.«

Kleiner-Bär legte sie in seine Geheimschublade.

Früher schrieb die Maschine. Heute redet sie. Und sie weiß einiges über Menschen, war ja lange bei ihnen.

Er setzt die Schreibmaschine auf einen großen Stein. Sich selbst setzt er davor. Die Maschine glänzt in der Abendsonne und der Fluss plätschert.

Kleiner-Bär spielt ein wenig mit den Tatzen auf den Tasten. Danach erzählt er vom weißen Ding. »Groß ist es, dick, weich und außen glatt. Innen hat es Federn.«

Einen Augenblick denkt die Schreibmaschine nach. Dann klappert sie plötzlich los: »Eine Bettdecke ist das. Die Menschen ziehen sie über sich, wenn sie schlafen wollen.«

»Klar, die Menschen haben ja kein Fell«, brummt Kleiner-Bär. »Das ist sozusagen ihr Ersatzfell. Deswegen wäre Menschenersatzfell ein guter Name für das Ding.«

Die Schreibmaschine erzählt noch etwas mehr von Bettdecken. Und Kleiner-Bär erzählt, was er alles damit gespielt hat. »Vielleicht nehm ich das dicke Ding morgen mit in unsere Höhle«, sagt er.

»Aber lass die Federn in ihr«, schlägt die Schreibmaschine vor. »Sonst wird sie ungemütlich.«

Nach einiger Zeit trägt Kleiner-Bär die Maschine zurück in seine Geheimschublade und sie verabschieden sich.

Kleiner-Bär trottet nach Hause und er denkt: Toll, was man hier bei uns so findet. Das will er Mama-Bär und Papa-Bär unbedingt erzählen. Die Feder als Beweis trägt er immer noch in der Tatze. Seine Eltern sollen nicht glauben, dass er ihnen einen Bären aufbindet.

Und Hunger hat er jetzt, dass es brummt. Hoffentlich gibt's leckeren Bärenbrei.

So schnell er kann, trabt er zur Höhle. Seinen Blechlöffel nimmt er schon aus dem Stirnband. Da steckt der Löffel immer. Wie eine Indianerfeder. Er ist überall dabei.

Mit Feder in der einen Tatze, Löffel in der anderen, kommt Kleiner-Bär zur Waldhöhle. Seine Eltern stehen etwas brummig da, denn sie warten schon länger auf ihn. Mama-Bär sagt: »Du kommst spät, mein Sohn.«

»Klar«, sagt Kleiner-Bär. »Ich hab auch viel erlebt. Hab ein neues Ding gefunden und ein neues Wort gelernt. Jetzt essen wir erst mal Brei. Dann erzähl ich euch alles.«

»Einverstanden«, brummen Mama-Bär und Papa-Bär.

Zu dritt gehen sie in die Höhle. Mhh … hier riecht es lecker nach Brei.

Das war ein guter Tag, denkt Kleiner-Bär. Bestimmt kommt jetzt ein guter Abend. Mit einem Bauch voller Brei und mit viel zu erzählen. Und schon löffelt er los.

Otfried Preußler

Das sommersprossigste Kind der Welt

In allen Schulzeugnissen und im Klassenbuch stand sie selbstverständlich mit vollem Namen: Stephanie Clementine Alphonsa Freiin von Austerlitz. Aber sonst hieß sie überall nur die rote Steffi, auch beim Herrn Klingsor.

Sie hatte dichtes, wundervoll fuchsfeuerrotes Haar, darauf war sie richtig stolz. Überdies hatte sie entsetzlich viele Sommersprossen im Gesicht, die auch im Winter nicht weggingen. Im Vergleich dazu war der kleine Leberfleck, wie ihn neuerdings die Franziska Dreithaler auf der linken Wange trug, überhaupt nicht der Rede wert.

Na gut, also Sommer- und Wintersprossen. Tausend winzige rostbraune Tüpfelchen, über das ganze Gesicht verstreut. Aber die Steffi war ja von klein auf daran gewöhnt. Außerdem fand sie es lustig, weil alle Leute das lustig fanden. Die Bäckersfrau und der Herr Schaffner in der elektrischen Straßenbahn, das Fräulein Zimmermann im Handarbeitsgeschäft, die Verkäuferinnen in der Markthalle, ja sogar der Herr Schuldiener Büttner an seinem Würsteltopf – wo die Steffi auch auftauchte, alle machten sofort ein freundliches Gesicht und riefen ihr ein paar nette Worte zu, etwa:

»Da kommt ja die rote Steffi, das sommersprossigste Kind der Welt!«

Nein, es war wirklich kein Wunder, dass ihr die vielen Sommersprossen nichts ausmachten. Bis zu einem bestimmten Donnerstag im November. Die Schule war aus und die Steffi ging mit ihren zwei besten Freundinnen durch die Ruppersdorfer Straße nach Hause. Da erzählte die Eva Bergmann, sie habe daheim bei der Köchin Berta ein furchtbar trauriges Buch auf dem Nachttisch gefunden, einen Roman. Die Geschichte eines armen Mädchens, das keinen Mann bekommen hat. Und warum nicht?

»Na?«, hat die Steffi wissen wollen. »Hat sie vielleicht X-Beine gehabt?«

»Nein.«

»Oder Pferdezähne?«

»Nein, auch nicht.«

»Ja, was denn dann?«

»Sommersprossen«, sagte die Eva Bergmann.

»Ach Quatsch!«, widersprach ihr die Steffi. »Sommersprossen sind doch kein Grund, dass man keinen Mann kriegt!«

»Und ob!«, rief die Hansi Hübner. »Zu viele Sommersprossen sind selbstverständlich ein Grund dafür!«

»Sind sie nicht!«

»Sind sie doch! Das steht ja sogar in Bertas Buch!«

An diesem Donnerstag im November hockte die Steffi Austerlitz lange Zeit vor dem Spiegel im Badezimmer. Auch sie hätte später eigentlich gern einen Mann bekommen. Und nun sollte sie also keinen kriegen, einzig wegen der blöden Sommersprossen!

Am Freitagmorgen fand der Herr Lehrer Klingsor im Klassenbuch einen kleinen rosafarbenen Brief.

»Bitte, Herr Lehrer!«, stand da in Steffis schönster Sonntagsschrift. »Ich mag keine Sommersprossen. Weil ich sonst keinen Mann kriege. Bitte! Bitte, Herr Lehrer!! Bitte, helfen Sie mir!!!«

Unterschrieben war der Brief mit Steffis vollem Namen: »Stephanie Clementine Alphonsa Freiin von Austerlitz!!!!« Daraus, und nicht zuletzt aus den vielen Ausrufezeichen, ersah der Herr Lehrer Klingsor, wie ernst es der Steffi mit ihrer Bitte war.

Was konnte er für sie tun? Er kramte aus der linken Rocktasche ein kleines, in Seidenpapier eingewickeltes Päckchen hervor. »Heut Abend, bevor du zu Bett gehst, wäschst du dir das Gesicht damit. Alles Weitere wird sich finden.«

»Danke, Herr Lehrer!« Die Steffi schnupperte an dem Päckchen, es duftete unverkennbar nach Fliederseife.

Am Abend wusch sie sich das Gesicht damit. So gründlich wie nie zuvor. Und richtig! – am nächsten Morgen waren die Sommersprossen verschwunden, als hätte sie niemals welche gehabt.

Zwei Tage lang war die Steffi selig. Am dritten Tag merkte sie, dass sich in ihrem Leben etwas verändert hatte. Plötzlich

verhielten sich alle Leute ganz anders zu ihr als sonst. Niemand fand sie jetzt noch besonders lustig. Weder die Bäckersfrau noch der Herr Schaffner in der elektrischen Straßenbahn, weder das Fräulein Zimmermann im Handarbeitsgeschäft noch die Verkäuferinnen in der Markthalle. Und selbst der Herr Schuldiener Büttner an seinem Würsteltopf machte da keine Ausnahme. Niemand dachte von jetzt an daran, bei Steffis Anblick ein freundliches Gesicht zu machen und ihr ein paar nette Worte zuzurufen. Weshalb denn auch? Dazu gab es ja keine Veranlassung mehr.

Am Mittwochmorgen lag wieder ein rosafarbener Brief an Herrn Klingsor im Klassenbuch: »Bitte, Herr Lehrer! Es muss ein Fehler gewesen sein. Ganz ohne Sommersprossen bin ich sehr unglücklich. Ihre Steffi.«

Herrn Klingsor kam das nicht unerwartet. Diesmal kramte er aus der rechten Rocktasche einen Farbstift hervor. Einen Farbstift mit rostbrauner Mine.

»Danke, Herr Lehrer!«

Am Abend hockte die Steffi Austerlitz vor dem Spiegel im Badezimmer und tupfte sich mit Herrn Klingsors Stift neue Sommersprossen ins Gesicht … Und sie hätte vermutlich so bald nicht aufgehört, doch plötzlich versagte der sommersprossenfarbene Stift den Dienst.

Zuerst war die Steffi ein bisschen ärgerlich, aber dann hat

sie sich schon gedacht, dass Herr Klingsor gewusst haben wird, wie viele Sommersprossen sie brauchte.

Von jetzt an, das sollte sich bald herausstellen, reichten die Sommersprossen völlig aus, dass die Bäckersfrau und die anderen Leute die Steffi Austerlitz wieder lustig fanden. Und, was man nicht vergessen darf, einen Mann hat sie später doch noch bekommen, die Steffi. Und zwar, was die Hauptsache ist, einen guten obendrein.

Sigrid Heuck

Das Mondkuhparadies

Irgendwo auf der Welt befindet sich ein Berg, der heißt Berg »Irgendwo«. Nur die Sonne, der Mond, die Sterne und der Wind kennen ihn. Sonst niemand.

Dieser Berg ist himmelhoch und sein Gipfel ist spitzer als die spitzeste Nadel. Hinter ihm befindet sich eine Wiese, die ist immer grün. Deshalb trägt sie den Namen »Immergrün«. Sie ist von hohen Tannen umgeben und in ihrer Mitte sprudelt eine kleine Quelle.

Hinter dem Berg Irgendwo, der Wiese Immergrün und den hohen Tannen beginnt die Wüste »Endlos«. Sie ist so karg und wüst, dass niemand dort leben kann.

Auf der Wiese Immergrün, zwischen Irgendwo und Endlos, befindet sich das Mondkuhparadies. Dort leben die Mondkühe und der mächtige schwarze Mondstier.

Abend für Abend kommt eine Sternschnuppe im Sternschnuppeneiltempo auf die Wiese Immergrün gerast, um die Kühe zu melken. Die Milch bringt sie dann dem Mond. Der braucht sie zur Stärkung für seine lange Reise um die Erde. Doch wenn die Mondmilchfrau nicht aufpasst und auf ihrem Rückweg Milch verschüttet, bleiben die Leute auf der Erde unten stehen und sagen zueinander: »Schaut nur, wie schön man heute wieder die Milchstraße sieht!«

Jede Mondkuh hat eine goldene Glocke um den Hals hängen. Jedes Mal, wenn der Mond groß und rund hinter der Wüste Endlos aufsteigt, schütteln die Kühe langsam und bedächtig ihre Köpfe.

»Kling – klang – klung – klong«, klingen ihre Glocken dann über die Wiese Immergrün. Das ist ihre Art von Mondbegrüßung. Es bedeutet so viel wie: »Guten Abend, Mond. Wir freuen uns, dich so rund und gesund wiederzusehen!«

Manchmal, wenn der Wind gut gelaunt ist, trägt er das Mondkuhlied über den Gipfel des Berges Irgendwo bis ins Land der Menschen, aber die können es leider nicht hören.

Nur einmal im Jahr, in einer besonders finsteren Nacht, besucht der Mond seine Kühe auf der Wiese Immergrün. Dann feiern sie alle das Mondfest. Sie lassen ihre Glocken klingen und tanzen eine ganze Nacht durch.

So geht das seit unendlich langer Zeit, seit es den Himmel gibt, den Mond und die Sterne, seit es Berge gibt, wie den Berg Irgendwo, und Wiesen, wie die Wiese Immergrün, Wüsten, wie die Wüste Endlos, und die Welt, in der die Menschen leben.

Eines Tages erblickte wieder einmal ein Kälbchen das Licht des Mondkuhparadieses. Es hatte dunkle Augen, eine schwarze Schwanzquaste und ein graues Fell wie seine Mutter, seine Geschwister und alle anderen Mondkühe.

Als es sah, dass auf der Wiese Immergrün viele wunderschöne bunte Blumen wuchsen, wünschte es sich auf einmal

ein Blumenfell. Sein Fell sollte genau wie die Wiese Immergrün mit Blumen geschmückt sein, und weil es das nicht war, war das Kälbchen missmutig und unzufrieden.

Die Zeit verging und das Mondkälbchen wurde älter und größer. Es hatte sogar schon eine goldene Mondkuhglocke um den Hals hängen. Aber seine Unzufriedenheit und sein Missmut waren mit ihm gewachsen.

Eines Tages ging es einfach zu dem großen, schwarzen Stier und beschwerte sich: »Ich bin unzufrieden mit der Farbe meines Fells, Stier. Ich gebe keine Milch, bevor ich nicht ein Blumenfell bekomme, so eines, wie es die Wiese Immergrün hat!«

Der Stier erschrak über diesen unbescheidenen Wunsch. Er schlug ihm vor, ihn dem Mond vorzutragen. Doch es musste bis zum nächsten Mondfest warten, bevor es mit dem Mond darüber reden konnte.

Der Mond legte sein volles, rundes Gesicht in Falten und überlegte. Dann sagte er: »Ich kann dir deinen Wunsch nicht erfüllen, kleine Mondkuh. Du musst dir dein Blumenfell schon selbst beschaffen. Geh und mach dich auf die Suche, aber komm erst wieder zurück, wenn du deinen Missmut und deine Unzufriedenheit abgelegt hast! Für so etwas haben wir keinen Platz im Mondkuhparadies.«

»Ja, das ist mir schon recht. Aber wie komme ich über den Berg Irgendwo?«, fragte die Mondkuh.

»Ich werde dich hinübertragen«, erwiderte der Mond. »Aber damit du uns nicht vergisst, wird dir der Wind einmal im Monat das Lied der Mondkuhglocken bringen, und wenn du zurückkehren willst, musst du dich in der Nacht des zwölf-

ten Läutens wieder an der Stelle einfinden, an der ich dich absetzen werde.«

Die Mondkuh verabschiedete sich von allen und war reisefertig. Doch sie musste einige Nächte lang warten, bis der Mond so abgenommen hatte, dass er einem Schiffchen glich. Eines Abends tauchte das Mondschiffchen langsam hinter der Wüste Endlos auf und segelte am Himmel hoch. Dann blieb es einen Augenblick lang über der Quelle stehen, verließ seine Bahn und schwebte zur Wiese Immergrün hinunter. Die Mondkuh stieg ein und fort ging es.

Viel zu schnell kamen sie drüben an. Die Mondkuh sagte: »Auf Wiedersehen, Mond!«

Und der Mond sagte: »Auf Wiedersehen, Mondkuh. Also, beim zwölften Läuten warte ich hier auf dich. Damit du es aber bei deiner Suche etwas leichter hast, will ich dir etwas schenken.« Und er schenkte ihr ein kleines Stück seiner unendlichen Weisheit. Von nun an konnte sie mit allen Menschen, Tieren und Pflanzen reden.

Die Mondkuh bedankte sich und begann ihre Suche. Sie trottete über die Wiesen und fragte jeden Schmetterling, jeden Grashalm, jedes Bächlein und jeden Vogel, der an ihr vorbeiflog: »Wisst ihr, wo ich ein Blumenfell finde?«

Doch alle antworteten: »Nein, wir wissen es nicht.«

Auf einmal stand sie vor einem Dorf. Der Wind hatte ihnen oft von Dörfern erzählt, in denen die Menschen leben. Aber sie hatte nie richtig zugehört, weil sie nur an sich selbst gedacht hatte. Deshalb fürchtete sie sich. Und weil sie sich fürchtete, machte sie einen großen Bogen um das Dorf und wanderte weiter.

Über den Bergen stand die Sonne. Da fiel der Mondkuh ein, dass diese eine alte Freundin des Mondes war. Schickte sie ihre Strahlen nicht in jeden Winkel der Erde? Wenn die Sonne nicht wusste, wo sie ein Blumenfell finden könnte, wer sollte es dann wissen?

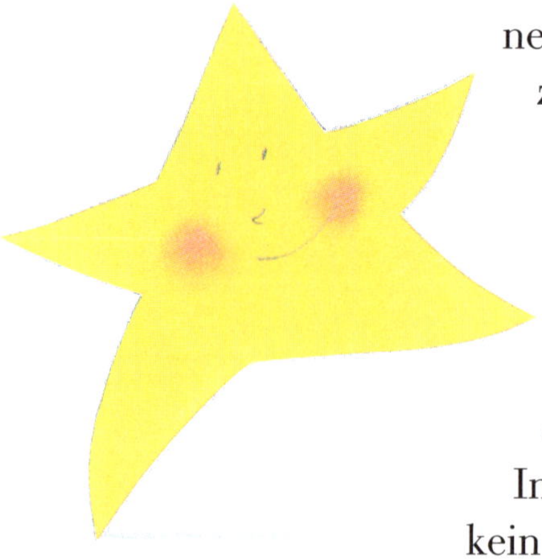

Mühselig kletterte die Mondkuh auf einen hohen Felsen, reckte ihren Kopf zum Himmel und rief: »Sonne, Frau Sonne, weißt du, woher ich ein Blumenfell bekommen könnte?«

Wie fernes Raunen klang die Stimme der Sonne. »Nein«, sprach sie, »aber ich kann mich gern danach erkundigen.«

In dieser Nacht machte die Mondkuh kein Auge zu. Sie stand auf dem Felsen und wartete. Dass der Mond und die Sterne über den Himmel wanderten und traurig auf sie herunterblickten, bemerkte sie nicht.

Endlich war es so weit. Ein heller Schimmer am Rand der Welt verkündete den Aufgang der Sonne.

Kaum war sie hinter den Bergen erschienen, fragte die Mondkuh auch schon ungeduldig: »Hast du dich erkundigt, Frau Sonne?«

»Ich habe in jeden Winkel der Erde geleuchtet und nichts gefunden. Dann habe ich in den Sternen gelesen und da stand …«

Im selben Augenblick schob sich eine große dunkle Wolke vor die Sonne und die Mondkuh konnte leider nicht mehr

verstehen, was für einen Rat ihr die Freundin des Mondes hatte geben wollen. Traurig kletterte sie von ihrem Felsen herunter.

Als es zu regnen begann, mischten sich ihre Tränen mit den Regentropfen und es entstand ein kleiner See.

Die Mondkuh wanderte durch viele Länder, über hohe Berge, tiefe Täler und weite Ebenen. Sie watete durch Pfützen, überquerte reißende Flüsse und stand eines Tages vor einem großen Wasser. Es war so groß, dass sie nicht sehen konnte, wo es zu Ende war.

Ein Mann ging am Ufer entlang. Über der Schulter trug er einen Stecken, an dem ein Fisch hing.

Die Mondkuh fragte den Mann: »Was ist das für ein Wasser?«

»Das ist das Meer«, erklärte ihr der Fischer und wunderte sich, dass eine Kuh sprechen konnte.

»Und was ist hinter dem Meer?«, fragte die Mondkuh weiter.

»Hinter dem Meer ist wieder Land und da wohnen auch Leute«, antwortete der Mann.

Da schöpfte die Mondkuh neue Hoffnung. Wenn es hinter dem Meer wieder Land gab und dort auch Leute wohnten, gerade so wie hier, dann gab es da gewiss auch ein Blumenfell für sie.

Sie suchte nach einer Gelegenheit, über das Meer zu kommen. Doch sie brauchte nicht lange zu suchen, bis sie einen Dampfer entdeckte, der in einer Bucht vor Anker lag. Am Strand standen zwei Matrosen. Die Mondkuh sprach sie an und verlangte den Kapitän des Schiffes zu sprechen.

»Eine Kuh will dich sprechen«, sagten die Matrosen zu ihrem Kapitän.

»Eine Kuh?«, rief der Kapitän erstaunt.

»Eine Kuh«, versicherten ihm die Matrosen.

»Was will sie von mir?«

»Das musst du sie schon selber fragen.«

Da ging der Kapitän zu der Kuh und fragte sie, was sie von ihm wolle.

»Nimm mich mit übers Meer, Kapitän!«, brummte die Mondkuh.

»Gut«, sagte er, »aber ich will deinen goldenen Glockenklöppel dafür.«

»Muh«, brummte die Mondkuh und das hieß so viel wie: »Ja, ich bin einverstanden.«

Da nahm der Kapitän die Mondkuh auf seinem Schiff mit übers Meer. Sie durfte vorne am Bug stehen und die Fische waren so erstaunt, dass ihnen fast die Augen aus den Köpfen fielen. Eine Kuh auf einem Schiff hatten sie noch nie gesehen. Sie sprangen hoch in die Luft, um sie besser betrachten zu können.

Nach einem halben Monat erreichten sie das Land hinter dem Meer. Die Mondkuh bedankte sich bei dem Kapitän und den Matrosen. Sie sagte ihnen Lebewohl und ging an Land.

Dann lief sie weiter. Nachdem sie eine Weile gewandert war, erreichte sie Berge, die beinahe so hoch wie der Berg Irgendwo waren. Zwischen ihnen befand sich eine Wiese, beinahe so grün wie die Wiese Immergrün. Viele Kühe grasten in der Nähe der kleinen Quelle in ihrer Mitte. Als sie die Mondkuh sahen, eilten sie herbei.

»Wie heißt du und was suchst du hier?«, fragten sie die fremde Besucherin.

»Ich heiße Mondkuh«, antwortete die Mondkuh, »und ich suche ein Blumenfell.«

»Ein Blumenfell! Ein Blumenfell!«, brüllten die Kühe verwundert. »Kühe können weiß oder grau, braun, schwarz oder gescheckt sein, doch ein blumengemustertes Fell schickt sich nicht für eine Kuh!«

Der Hirt hörte das Gebrüll seiner Kühe. So schnell er konnte, rannte er herbei.

»Was gibt's denn?«, rief er schon von weitem. »Was ist los? Ist was passiert?«

»Deine Kühe ärgern sich, weil ich mir ein Blumenfell wünsche«, erklärte ihm die Mondkuh.

»Wenn's weiter nichts ist«, antwortete der Hirt, »das kannst du haben!« Er band einen Kranz aus Bergblumen und legte ihn der Mondkuh um den Hals. Einen zweiten wand er um ihre Hörner. Dann befestigte er an jeder Hornspitze noch eine Blume und an der Schwanzquaste einen ganzen Strauß.

Die Mondkuh wagte sich nicht zu rühren vor lauter Glück. Sie wackelte nur mit den Ohren und das bedeutete so viel wie: »Vielen Dank, vielen Dank, vielen Dank!« Dann stapfte sie langsam zu einem kleinen Teich, um ihr Spiegelbild im Wasser zu betrachten. Sie achtete darauf, keine einzige Blume zu verlieren.

Doch am anderen Morgen waren sie alle verwelkt.

Da band der Hirt schnell zwei frische Kränze und schmückte die Mondkuh aufs Neue. So ging es viele Tage und Wochen und die Mondkuh war glücklich.

Eines Tages klang es aus der Ferne an ihre Ohren: »Kling – klang – klung – klong«, und dann noch einmal: »Kling – klang – klung – klong«.

Nur sie kannte das Mondlied und niemand sonst auf der Welt. Es erinnerte sie an den Berg Irgendwo, die Wiese Immergrün, die kleine Quelle in ihrer Mitte und die hohen Tannen, und das machte sie traurig.

Es wurde Herbst und der Hirt fand nur noch kleine violette Herbstzeitlosen, um die Mondkuh zu schmücken. Allmählich wurde es Zeit für ihn, mit seiner Herde ins Tal zurückzukehren, denn der Winter stand vor der Tür.

Traurig folgte die Mondkuh den anderen Kühen. Wo sollte sie bloß den Winter verbringen? Doch als sie der Hirt einlud bei den anderen Kühen im warmen Stall zu bleiben, freute sie sich wieder.

Die kalte Zeit ging vorbei.

Viele Male war das Mondlicht schon über Berge und Täler, über das Meer und durch die dicken Mauern des Stalles an die Ohren der Mondkuh gedrungen und hatte sie an das Mondkuhparadies erinnert. Es blieb ihr nicht mehr viel Zeit.

Als der Frühling kam, nahm sie von ihren Stallgenossen Abschied und wanderte weiter. Nach einiger Zeit traf sie am Wegrand einen Heckenrosenbusch, an dem nur eine einzige Rose blühte.

»Hihihi«, kicherte die Rose spöttisch, nachdem sie die Bitte der Mondkuh gehört hatte, »hihihi, diese Kuh wünscht sich ein Blumenfell. Warum nicht gleich ein Silber- oder Goldfell?«

Da wurde die Mondkuh zum ersten Mal böse. Wer lässt sich

schon gern verspotten? »Hör auf mit deinem dummen Gekicher«, schrie sie, »wenn du mich ärgerst, fresse ich dich einfach auf.«

»Langsam, langsam«, erwiderte die Heckenrose, »meine Dornen würden dir deine Zunge so zerreißen, dass du niemals mehr Muh sagen könntest. Es gibt eben nichts umsonst, das ist meine Meinung. Merke sie dir, wenn du weiter ein Blumenfell suchst!«

»Was meinst du damit?«, fragte die Mondkuh.

Doch die Heckenrose gab ihr darauf keine Antwort mehr. Sie schloss ihre Blüte, denn es wurde Abend. Nachdenklich trottete die Mondkuh weiter.

Sie achtete nicht auf den Weg und nicht darauf, was um sie herum geschah. Ehe sie sich versah, befand sie sich mitten in einer großen Stadt.

Wo sie hinblickte, sah sie nichts als Häuser, Häuser und nochmals Häuser. Bis in den Himmel ragten sie, bis fast an die Wolken. Autos hupten, Motorräder knatterten, Fahrradfahrer klingelten und die Menschen hatten es schrecklich eilig. In der Mitte der Straße stand ein Mann in einer prächtigen Uniform. Wenn er winkte, fuhren alle so, wie er wollte.

Vielleicht ist das der König, überlegte die Mondkuh. Sie ging zu ihm und fragte: »Ach bitte, Herr König, ich bin nur eine kleine Mondkuh und kenne mich hier nicht aus. Ich bin auf der Suche nach einem Blumenfell. Könnten Sie mir nicht sagen, wo ich eins finde?«

Der vermeintliche König war natürlich ein Verkehrspolizist. Er fühlte sich sehr geehrt. »Pass mal auf, Mondkuh«, sagte er, »du musst hier verschwinden, denn du störst den Verkehr.

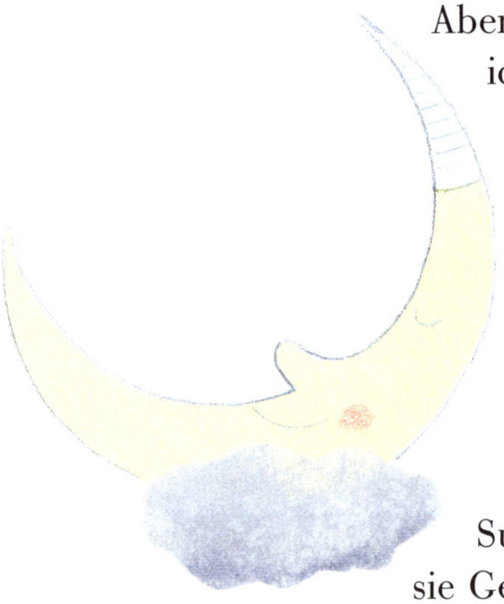

Aber ich kann dir einen Rat geben; wenn ich etwas suche und nicht weiß, wo ich es finden kann, dann geb ich bei der Zeitung einfach eine Suchanzeige auf.« Und weil sich die Mondkuh in der Stadt nicht auskannte, erklärte er ihr auch gleich noch den Weg.

Die Mondkuh ging also zur Zeitung. Dort sagte man ihr, dass eine Suchanzeige Geld kostet. Woher sollte sie Geld haben? Sie wusste nicht einmal, was das war. Weil es aber höchst selten vorkommt, dass eine Mondkuh eine Anzeige aufgeben möchte, hatte der Redakteur einen Einfall. Er würde ihre Geschichte auf die erste Seite setzen. Das kostet nichts und ist sehr werbewirksam. Gleich am nächsten Morgen stand es drin, und dabei war ein Foto von ihr. »Mondkuh sucht Blumenfell«, lautete die Schlagzeile. »Wer kann ihr helfen?«

War das eine Aufregung! Die Leute tuschelten den ganzen Tag miteinander. Niemand wusste, was eine Mondkuh eigentlich ist, aber alle taten so, als hätten sie mindestens ein Dutzend Bücher über Mondkühe gelesen und wüssten genau Bescheid. So viele Zeitungen wie an diesem Tag wurden schon lange nicht mehr verkauft.

Am nächsten Morgen wurden bei der Zeitung zwei Briefe für die Mondkuh abgegeben. Der Erste lautete:

Liebe Mondkuh! Warum willst du ein anderes Fell? – Sicher frierst du. Ich habe schon so viele Jäckchen und Höschen für meine Enkelkinder gestrickt. Ich kann auch dir ein neues Fell stricken. Wenn du willst, sogar eines mit einem Blumenmuster. Es geht ganz leicht, nur musst du bitte zur Anprobe kommen, denn ich habe deine Maße nicht im Kopf. Viele Grüße! Oma.

Da ging die Mondkuh hin und bedankte sich vielmals: »Vielen Dank, aber weißt du, im Mondkuhparadies ist es ziemlich warm und eigentlich friere ich gar nicht.«

Der zweite Brief war von einer Schulklasse. Die Kinder schrieben:

Liebe Mondkuh! Wir haben Pinsel und Farben, und wenn du während der Pause zu uns kommst, könnten wir dir Blumen auf dein Fell malen. Wir haben von zehn bis Viertel nach zehn Uhr Pause. Viele Grüße, die Schüler der zweiten Klasse.

PS: Da wir noch nicht so gut schreiben können, hat uns unsere Lehrerin bei diesem Brief geholfen.

Sofort erkundigte sich die Mondkuh nach dem Weg zur Schule und rannte dorthin. Weil sie ein bisschen zu früh dran war, musste sie bis zur Pause warten. Als es klingelte, stürmten die Kinder hinaus und brachten ihre Pinsel und Farben mit. Über und über bemalten sie das Mondkuhfell mit den allerschönsten Blumen. Meistens wurden es Margeriten, aber hie und da war auch ein Gänseblümchen dabei. Wunderschön sah die Mondkuh aus und sie bedankte sich vielmals. Es war auch höchste Zeit für die Kinder, wieder in die Klasse zu gehen, denn es hatte schon lange geläutet.

Stolz schlenderte die Mondkuh die Straße entlang. Sie betrachtete sich in den spiegelnden Glasscheiben der großen Schaufenster und bewunderte ihr neues Kleid. Leider achtete sie wieder einmal nicht auf ihre Umgebung. Das war schlimm, denn auf einmal machte es »platsch – platsch« und ein Eimer schmutzigen Wassers ergoss sich über ihr schönes, bemaltes Fell. Eine eilige Hausfrau hatte ihr Putzwasser aus dem Fenster geleert, und ehe sich die eitle Mondkuh versah, hatte das Wasser die schönen Margeriten und Gänseblümchen weggeschwemmt.

Zuerst konnte es die Mondkuh nicht glauben. Sie eilte zum nächsten Schaufenster, um sich darin zu betrachten. Doch als sie sah, dass nichts, aber auch gar nichts mehr von den schönen Blumen auf ihrem Fell zu sehen war, wurde sie sehr, sehr traurig.

An der nächsten Straßenecke stolperte sie fast über einen Bettler, der auf dem Boden hockte. Er hielt den Leuten seinen Hut hin und sagte: »Ich armer, alter Bettler hab solchen Hunger, ich armer, alter Bettler!«

Nur ganz wenige Leute gaben ihm etwas und dann war es meistens nur eine kleine Kupfermünze. Als die Mondkuh das sah, tat ihr der Bettler leid.

»Da«, brummte sie, »alles, was ich noch habe, ist meine goldene Glocke. Es ist eine echte Mondkuhglocke. Für den Klöppel hat mich ein Kapitän mit übers Meer genommen. Mir nützt sie nichts mehr, weil eine Glocke ohne Klöppel nicht läuten kann. Du kannst sie vielleicht gegen ein Stück Brot eintauschen. Ich schenke sie dir, Bettler!«

Der Bettler zog ein altes Taschenmesser aus der Tasche und schnitt sich die goldene Mondkuhglocke vom Halsriemen ab. Als er sich aber bedanken wollte, lief die Mondkuh davon.

So schnell sie konnte, lief sie aus der großen Stadt hinaus, über Wiesen und Felder und hielt erst an, als ihr ein Rosenbusch den Weg versperrte. Es war derselbe, der ihr vor einiger Zeit einen so rätselhaften Rat gegeben hatte. Und weil die Mondkuh schrecklich müde war, legte sie sich unter seine Zweige und schlief ein.

In dieser Nacht öffnete der Busch leise und heimlich alle seine Rosenknospen, und als die Mondkuh am Morgen erwachte, sah sie viele tausend Rosenblüten über sich. Zuerst dachte sie, es wäre ein Traum, aber als sich dann eine kleine Biene auf einer der Blüten niederließ und sie ihr Gesumm vernahm, wusste sie, dass es kein Traum war. Nie hatte sie etwas Schöneres gesehen.

Auf einmal erhob sich ein leichter Wind, nicht sehr stark, nur so eben ein Windhauch, und schüttelte den Busch. Da ließ die Heckenrose alle ihre Blüten fallen und die Mondkuh stand plötzlich mitten in einem Heckenrosenblütenregen. Und als der Wind zu hauchen aufhörte, war das kleine graue Mondkuhfell über und über mit Blumen bedeckt. Nur eine einzige Rose hatte der Busch behalten.

»Schau in meinen Morgenspiegel, Mondkuh«, forderte sie der Rosenbusch auf. Sein Spiegel war ein riesiger Tautropfen auf einem Blatt. Die Mondkuh betrachtete sich lange.

»Vielen Dank«, brummte sie, »vielen Dank, Heckenrose!«

»Bitte, bitte«, erwiderte der Rosenbusch. »Der Wind hat mir berichtet, dass du einem Bettler deine goldene Glocke geschenkt hast, dafür schenkte ich dir eben meine Rosenblüten.« Und jetzt verstand die Mondkuh den Rat, den ihr die Rose früher gegeben hatte.

»Vielen Dank dafür«, rief sie nochmals und eilte fort.

Als die verwelkten Blumen aber abfielen, blieb, wie bei Abziehbildern, ihr Abdruck auf dem Kuhfell zurück.

Wieder einmal hörte sie das mahnende »Kling – klang –

klung – klong« der Mondkuhglocken. Für den Heimweg blieb ihr nur noch wenig Zeit.

Sie eilte zurück über Berge und Ebenen, sie watete durch Flüsse und zwängte sich durch dichtes Gestrüpp. Eines Tages stand sie wieder am Meer. Sie fand auch gleich ein Schiff.

»Nimm mich mit übers Meer«, bat sie den Kapitän.

»Aber gern«, erwiderte der Kapitän, »was gibst du mir dafür?«

Die Mondkuh erschrak, denn sie hatte nichts mehr, was sie ihm geben konnte, keinen goldenen Klöppel und keine goldene Glocke, nur der Halsriemen hing ihr noch um den Hals. Doch der Kapitän hatte ein gutes Herz.

»Gib mir nur den Glockenriemen«, sagte er. »Ich mache mir Schnürsenkel daraus. Schnürsenkel braucht man immer!«

Da freute sich die Mondkuh und stieg aufs Schiff. Mitten auf dem Meer hörte sie zum elften Mal das Mondkuhlied: »Kling – klang – klung – klong«.

Kaum erreichten sie das andere Ufer, sprang sie an Land und lief, bis sie an dem Platz angelangt war, an dem sie sich mit dem Mond verabredet hatte. Aber als die Nacht kam, wartete sie vergeblich, dass ihr der Wind das zwölfte Mal den Klang der Mondkuhglocken zutragen würde.

»Wind«, schrie die Mondkuh, »warum bringst du mir keine Mondkuhglockentöne?«

Da machte es »Huiiii – huiiii« und der Wind kam.

»Mondkuh«, sagte der Wind, »du bist zu spät. Einmal brachte ich dir das Lied, aber du hast mich nicht gehört. Du warst in der Stadt und dort war es so laut, dass du die Glocken nicht hören konntest.«

Da weinte die Mondkuh zum dritten Mal.

»Was hilft mir mein schönes Blumenfell«, jammerte sie, »wenn ich nie mehr ins Mondkuhparadies zurückkomme.«

Das alles hörte die Sonne, die hinter einem Berg darauf wartete, aufgehen zu dürfen. Die Mondkuh tat ihr leid und sie überlegte, wie man ihr helfen könnte. Sie besprach sich mit einer Wolke und bat sie es regnen zu lassen. Und als es zu regnen begann, schickte sie einen kleinen, einen ganz kleinen Sonnenstrahl hinter ihrem Berg hervor.

Da stand auf einmal ein prächtiger Regenbogen vor der Mondkuh. Er begann genau vor ihren Füßen und endete weit hinter den Bergen. Die Mondkuh überlegte es sich nicht lange, sie begann einfach aufwärts zu steigen und, oh Wunder, es ging!

Schon bald wandelte sie hoch oben in den Wolken, unter ihr lagen die Berge, Ebenen und die Flüsse, durch die sie bei ihrer Suche gekommen war.

Hier, war das nicht das Meer? Und dort, spitzer als die spitzeste Nadel, war das nicht der Gipfel des Berges Irgendwo? Und die Wiese Immergrün, die Tannen, die Quelle und weit dahinter die Wüste Endlos?

Langsam rutschte die Mondkuh den Regenbogen hinunter. Die Kühe und der große, schwarze Mondstier erwarteten sie schon, denn die Sonne hatte der Sternschnuppe Bescheid gesagt und die hatte die frohe Botschaft schon ins Mondkuhparadies gebracht.

Hurra – war das eine Freude! Sie feierten alle ein großes Fest. Der Mond selbst überreichte der Mondkuh eine neue, goldene Glocke mit einem neuen, goldenen Glockenklöppel und einem neuen Glockenriemen.

»Vielen Dank, Mond«, sagte die Mondkuh glücklich und sie gab dem Mond ihre Milch wie alle anderen Kühe, weil er sie zur Stärkung brauchte für seine lange Reise um die Erde.

Seit jener Zeit gibt es im Mondkuhparadies eine Kuh mit einem Blumenfell und sie ist so schön, dass die Blumen auf der Wiese Immergrün ihre Köpfe neigen, wenn sie an ihnen vorbeigeht.

Doch wenn sich einmal im Monat die Kühe in einer Reihe aufstellen, um den Mond zu begrüßen, der langsam hinter der Wüste Endlos auftaucht und über sie hinwegschwebt, dann steht die Blumenkuh mitten unter ihnen und schüttelt wie die anderen ihren Kopf, bis ihre Glocke zu tönen beginnt: »Kling – klang – klung – klong«.

Erhard Dietl

Schlaf gut, kleine Maus!

»Es ist schon spät, du musst ins Bett!«, sagt Mama Maus zur kleinen Maus.

»Noch 10 Minuten!«, ruft die kleine Maus. »Ich will nur noch ein paar Löcher in den Käse bohren!«

Die kleine Maus nagt 10 runde Löcher in den leckeren Käse.

»Jetzt hast du genug Käse gegessen!«, sagt Papa Maus. »Zähneputzen und dann ab ins Bett!«

»Noch 9 Minuten!«, ruft die kleine Maus. »Ich muss noch mein Rennauto hereinholen. Vielleicht regnet es in der Nacht!«

Die kleine Maus läuft nach draußen und fährt noch schnell 9 Runden mit dem Rennauto ums Haus. Dann holt sie es herein.

»Schlafanzug anziehen und dann marsch ins Bett!«, sagt Mama Maus.

»Noch 8 Minuten!«, ruft die kleine Maus. »Ich muss noch meinen Kaktus gießen!«

Die kleine Maus gibt dem Kaktus auf dem Fensterbrett 8 Tropfen Wasser. Mehr braucht er nicht.

»Du gehst jetzt sofort ins Bett!«, sagt Papa Maus.

»Gleich!«, ruft die kleine Maus. »Ich will nur noch dem Hamster Gute Nacht sagen! In 7 Minuten bin ich wieder da!«

Der Hamster wohnt nebenan. Er liegt in seiner Hängematte und schnarcht.

»Gute Nacht, Hamster!«, sagt die kleine Maus zu ihm.

Doch der Hamster hört es nicht.

»Gute Nacht!«, sagt die kleine Maus 7-mal.

Der Hamster grunzt nur. Er hat einen festen Schlaf.

»Wenn du nicht sofort ins Bett hüpfst, werde ich sauer!«, sagt Mama Maus.

Die kleine Maus springt schnell in ihr Bett.

»Jetzt muss ich noch mal raus!«, ruft die kleine Maus. »Ich muss noch Wasser trinken. Ich habe so großen Durst vom Käseessen! Aber es dauert höchstens 6 Minuten!«

Die kleine Maus saust in die Küche und trinkt aus der Tasse 6 Schlucke kaltes Wasser.

»Schlaf jetzt, kleine Maus!«, sagt Papa Maus.

»Gute Nacht, kleine Maus!«, sagt Mama Maus.

»Noch 5 Minuten!«, ruft die kleine Maus. »Ich muss noch meine Kuscheltiere schmusen. Mama, wo ist nur mein Löwe? Mein Löwe ist nicht da!«

Mama Maus findet den Löwen unterm Sofa. Jetzt sind alle 5 Kuscheltiere im Bett versammelt. Die kleine Maus gibt jedem einen Kuss auf die Nase.

»Gute Nacht und träume schön!«, sagt Papa Maus.

»Jetzt muss ich aufs Klo!«, ruft die kleine Maus. »Ich habe so viel Wasser getrunken.«

»Aber beeil dich«, sagt Papa Maus.

»Dauert nur 4 Minuten!«, ruft die kleine Maus.

Im Klo drückt sie 4-mal fest auf die Spülung.

»So«, sagt Mama Maus. »Jetzt mach deine Augen zu und schlaf!«

»Ich kann noch nicht schlafen!«, ruft die kleine Maus.

»Warum denn nicht?«, fragen Mama Maus und Papa Maus.

»Ich hab meine Zähne noch nicht geputzt!«

»Dann aber schnell!«, sagt Mama Maus.

»Nur 3 Minuten!«, ruft die kleine Maus.

Im Bad schrubbt sie ihre 3 Zähne. Die zwei vorderen und auch den Backenzahn ganz hinten.

»Nun wird aber endlich geschlafen!«, sagt Papa Maus.

»Nur noch 2 Minuten!«, ruft die kleine Maus.

»Was ist denn jetzt noch?«, fragt Mama Maus.

»Ich muss euch ein 2-Minuten-Geheimnis sagen«, meint die kleine Maus. »Ich muss es euch ins Ohr flüstern.«

Die kleine Maus flüstert Mama Maus ins Ohr: »Du bist die allerliebste Mama Maus auf der ganzen Welt!«

Dann flüstert sie Papa Maus ins Ohr: »Du bist der allerliebste Papa Maus auf der ganzen Welt! Ihr 2 seid die allerallerliebsten!«

»Und du bist die liebste kleine Maus auf der ganzen Welt«, sagen Mama Maus und Papa Maus. »Und jetzt schlaf schön!«

»Noch 1 Minute!«, ruft die kleine Maus. »Einer von euch muss mir noch 1 Geschichte vorlesen. Sonst kann ich bestimmt überhaupt nicht einschlafen!«

»Na, meinetwegen«, seufzt Papa Maus. Er nimmt das Buch aus dem Regal und setzt seine Brille auf. »Also pass auf, die Geschichte geht so:

Es war einmal eine kleine Maus, die nicht schlafen gehen

wollte. Mama Maus sagte: Es ist schon spät, kleine Maus, du musst ins Bett!

Noch 10 Minuten!, rief die kleine Maus. Ich will nur noch ein paar Löcher in den Käse bohren! …«

Schlaf gut, kleine Maus!

Und träum was Schönes!

Ursula Wölfel

Die Geschichte von der Nacht-Ente

Einmal wollte eine Ente wissen, wie die Nacht ist. Sie ist am Abend einfach nicht mit den anderen Enten in den Stall gegangen, sie hat sich auf die Wiese gesetzt und sie hat zugesehen, wie es immer dunkler geworden ist.

Die Sonne ist untergegangen und die Sterne sind gekommen. Das war sehr schön und die Ente hat gestaunt über die Sterne.

Aber dann ist es noch dunkler und immer noch dunkler geworden und der Himmel war so riesengroß und die Ente auf der Wiese war so klein. Und auf einmal war auch der Mond da, ganz langsam ist er hinter den Bergen heraufgekommen.

Da ist die kleine Ente erschrocken. Sie wollte weglaufen vor dem Mond, aber der Mond war überall. Sie hat die Augen zugemacht, aber der Mond war immer noch da.

Die Ente ist schnell zum Stall gelaufen und sie hat laut geschrien: »Maak! Maak! Maak!« Da ist die Frau gekommen, sie hat gelacht und sie hat die Ente in den Stall geholt.

Ulrike Schultheis

Mit Jule durch den Tag

Jule schläft noch, ihr Tiger Tom auch.

»Guten Morgen, Jule! Guten Morgen, Tom!«

Mama kommt ins Zimmer und weckt beide.

Tiger Tom will nicht aufstehen.

Jule auch nicht. Sie möchte heute nicht in den Kindergarten gehen, aber Mama schickt sie trotzdem ins Badezimmer.

Papa und Jules kleiner Bruder Till sind auch schon da. Verschlafen wäscht sich Jule Gesicht und Hände und putzt sich die Zähne.

»Papa, müssen Tiger auch Zähne putzen?«, fragt sie.

»Klar«, ruft Papa aus der Dusche.

Endlich gibt es Frühstück. Tiger Tom sitzt schon hungrig in seinem Puppenhochstuhl.

»Mama, ich will zu Hause bleiben!«, quengelt Jule. »Kati war gestern so gemein zu mir, ich will nie wieder in den Kindergarten!« Da kippt auch noch ihr Becher mit Milch um. So ein blöder Tag!

»Jule, beeil dich, wir kommen zu spät!« Papa ist schon vom Tisch aufgestanden. Er muss zur Arbeit. Vorher bringt er Jule jeden Morgen in den Kindergarten.

Im Flur zieht Jule ihre Jacke und ihre Schuhe an. Sie kann die Schuhe schon ganz allein zubinden! Papa gibt Till noch einen Abschiedskuss und dann kann es losgehen.

Da muss Jule unbedingt noch einmal aufs Klo, sonst schafft sie es unmöglich bis in den Kindergarten.

Endlich ist sie fertig.

Papa und Tiger Tom warten schon im Treppenhaus auf sie.

»Ich will aber doch lieber nicht in den Kindergarten. Till darf auch zu Hause bleiben!«, mault Jule.

Aber Papa hat es eilig und hört gar nicht richtig zu.

Im Kindergarten sind die meisten Kinder schon da. Kati wartet in der Puppenecke auf Jule. Sie möchte unbedingt mit ihr auf dem Puppenherd kochen. Da sind Jule und Kati wieder die besten Freundinnen. Wie gut, dass Jule in den Kindergarten gekommen ist!

Jetzt ist Frühstückspause. Jule holt ihr Brot aus ihrer Kindergartentasche. Dabei muss sie auf einmal an Mama und Till denken. Till hat Mama jetzt ganz für sich alleine. Was sie wohl machen, wenn Jule im Kindergarten ist?

Mittags kommen Mama und Till und holen Jule vom Kindergarten ab.

»Du, Mama, heute war es soo schön«, ruft Jule. »Ich habe die ganze Zeit mit Kati gespielt. Sie ist meine allerbeste Freundin!«

Mama freut sich und gibt Jule einen dicken Kuss.

Zu Hause wartet schon das Mittagessen. Till ist müde und quengelt in seinem Hochstuhl herum. Dabei patscht er wütend mit seinem Löffel in die guten Nudeln.

Weil Jule schon eine große Schwester ist, kann sie Mama

beim Füttern helfen. Sie lässt jeden Löffel mit lautem Gebrumm wie ein Flugzeug in Tills Mund fliegen. Das gefällt Till.

Nach dem Essen muss Till ins Bett. Da hat Mama endlich Zeit für Jule. Sie spielen zusammen Memory. Mama verliert ständig, weil Jule sich die Bilder viel besser merken kann. Da klingelt das Telefon.

»Hallo, Julemaus«, sagt Papas Stimme aus dem Hörer. »Wie war es heute im Kindergarten?«

»Ganz toll«, sagt Jule. »Wann kommst du nach Hause?«

»Ich muss erst noch ein bisschen Häuser bauen, aber heute Abend komme ich zum Essen«, meint Papa.

Was Papa wohl den ganzen Tag macht, wenn er Häuser baut?

Nach Tills Mittagsschlaf gehen alle auf den Spielplatz. Jule rutscht zuerst ein bisschen, dann möchte sie unbedingt auf die Schaukel. Aber da schaukelt schon die ganze Zeit Lena von nebenan. Lena ist blöd, denn sie lässt nie die anderen Kinder dran. Zum Glück ruft Lenas Mama. Jetzt kann Jule endlich schaukeln.

Till sitzt im Sandkasten und haut mit der Schaufel auf den Sand, dass es nur so spritzt.

Jetzt ist es fast Abend. Jule schaut sich gemütlich ihr Lieblingsbilderbuch an. Tiger Tom sitzt still auf dem Sofa, nur Till macht ständig Krach und stört. Mama versucht inzwischen einen wichtigen Brief am Computer zu schreiben.

Damit Mama keine Fehler macht, muss Till bei Jule bleiben.

Ob Papa jetzt endlich kommt? Jule schaut aus dem Fenster auf die Straße.

Sie sieht Frau Ortner mit ihrem Dackel Lise. Jule darf Lise manchmal Gassi führen, aber nur mit Leine, weil Lise überhaupt kein bisschen folgt. Da endlich steigt Papa aus dem Bus.

Jule schleicht sich leise in den Flur und versteckt sich in Mamas Mantel, der an der Garderobe hängt. »Huuuh!«, schreit sie, als Papa zur Tür hereinkommt. Oh, wie sich Papa erschreckt!

Till will auf Papas Arm, da muss Jule auch ganz schnell zu ihm rennen. Gut, dass Papa für jedes Kind einen Arm hat!

Inzwischen macht Mama in der Küche Abendessen. Jule hilft ihr. Den Tisch deckt sie fast ganz alleine.

Endlich sitzen alle um den Tisch: Mama, Papa, Jule, Till und Tiger Tom.

Heute hat es Mama eilig. Sie geht nämlich mit einer Freundin zum Sport.

Da muss Papa Till und Jule ins Bett bringen.

Gut, dass Jule schon so groß und vernünftig ist!

»Ab in die Badewanne!«, ruft Papa. Es stört ihn kein bisschen, dass die Küche noch nicht aufgeräumt ist.

Papa lässt nur wenig Wasser in die Wanne, damit Till nicht ertrinken kann. Aber zum Spielen und Plantschen reicht es auch so. Zuerst hebt Papa Jule in die Wanne, dann setzt er Till dazu. Nur Tiger Tom darf nicht mit, er muss auf dem Waschbecken sitzen bleiben.

Endlich sind Till und Jule im Bett. Papa liest noch ein Kapi-

tel aus »Die kleine Hexe« vor. Das macht er richtig gerne, denn er findet die Geschichte genauso lustig und spannend wie Jule.

Till liegt in seinem Gitterbett und nuckelt an seiner Teeflasche. Die braucht er unbedingt zum Einschlafen. Jule braucht nur ihren Tiger Tom.

Jetzt gibt Papa Till, Jule und Tiger Tom einen Gutenachtkuss und macht das Licht aus. Aber die Tür muss einen Spalt offen bleiben, damit etwas Licht aus dem Flur hereinkommen kann. Sonst fürchtet sich Tiger Tom zu sehr.

Jule hört noch, wie Papa in der Küche mit dem Geschirr klappert. Dann ist sie auch schon eingeschlafen.

Gute Nacht, Jule!

Ludwig Bechstein

Das Märchen vom Mann im Mond

Vor uralten Zeiten ging einmal ein Mann an einem Sonntagmorgen in den Wald, haute sich ein ganzes Bündel Holz ab, schnürte es zusammen und trug es auf seinem Rücken nach Hause.

Da begegnete ihm unterwegs ein schöner Mann in Sonntagskleidern, der wohl in die Kirche gehen wollte. Der blieb stehen und sprach den Mann mit dem Holz auf dem Rücken an.

»Weißt du nicht, dass auf Erden Sonntag ist? Der Tag, an dem der liebe Gott ruhte, nachdem er die Welt und alle Tiere und Menschen geschaffen hatte? Weißt du nicht, dass geschrieben steht: Du sollst den Feiertag heiligen?«

Jener Mann war der liebe Gott selbst.

Der Mann mit dem Holz auf dem Rücken aber war verstockt und antwortete: »Sonntag auf Erden oder Mondtag im Himmel, was kümmert's mich? Und was überhaupt geht dich das an?«

»So sollst du dein Holz für alle Zeiten tragen!«, sprach der liebe Gott. »Und weil der Sonntag auf Erden dir so gar nichts wert ist, sollst du von nun an ewig Mondtag haben und im

Mond stehen, als eine Warnung für alle, die den Sonntag mit Arbeit schänden!«

Seit jenem Tag steht im Mond immer noch der Mann mit dem Holzbündel auf dem Rücken und er wird wohl so stehen bleiben bis in alle Ewigkeit.

Thomas Fuchs

Die Lampe

»Papa, eine Geschichte!«, sagt Jenny, kaum ist sie unter ihre Bettdecke geschlüpft.

»Die Lampengeschichte?«, fragt Papa.

Jenny nickt. »Logisch, was denn sonst.«

»Na gut!« Papa seufzt. »Es war einmal ein Seepferdchen namens …«

»Du musst die Lampe doch erst einschalten! Und ganz von vorne!«, unterbricht ihn Jenny.

Papa greift nach dem kleinen Schalter an der Lampe. »So richtig?«

In Jennys Kinderzimmer leuchtet es nun blau und Bilder laufen über die Wände. Farbige Schatten von Fischen und anderen Meeresbewohnern wandern kreisförmig um Jennys Bett herum. Jenny schiebt sich tiefer unter ihre Decke und nickt. »Jetzt darfst du!«

»Also dann!«, setzt Papa erneut an. »Unten im Meer, gleich hinter dem Ufer, beginnt der Korallenwald. Es ist ein kleiner Unterwasserwald, aber wunderschön. Gelbe, rote und blaue Korallen wachsen dort und auch einige andere Wasserwesen haben sich dort eingerichtet.«

Papa zeigt auf den roten Tintenfisch, der gerade links über die Wand schwebt.

»Da hätten wir den Tintenfisch Luis Tentakel, seines Zeichens ehemaliger Taschendieb. Heute jüngster Pensionär im Korallenwald.«

Hinter dem Tintenfisch schwimmt ein Fisch mit langer, spitzer Schnauze.

»Dann natürlich der Schwertfisch Werner Degen, ein begnadeter Fechter«, erzählt Papa weiter. »Türsteher in der Korallenbar. Und hinter Werner Degen schwimmt das kleine Seepferdchen Lotte Wallach. Früher arbeitete sie auf der Unterwasserrennbahn, heute ist sie Korallenpflegerin.«

»Du hast die Muschel Venus Williams vergessen«, unterbricht ihn Jenny und zeigt mit der rechten Hand auf die dicke gelbe Muschel, die gerade oberhalb der Tür entlangschwebt.

»Hab ich nicht!«, entgegnet Papa. »Venus kommt gleich, aber erst noch …«

»Der Goldfisch Vladimir Ismael Gülden!«, ruft Jenny. »Ein verirrter Zierfisch, der mitsamt seinem Glas von einem Kreuzfahrtschiff über Bord gefallen ist.«

»Genau.« Papa nickt. »Und dann erst kommt die Muschel Venus Williams. Sie arbeitet zurzeit aushilfsweise als Schmuckkästchen für die Wassernixen. Haben wir sie nun alle?«

Jenny zählt die wandernden Bilder, die von der Lampe an die Wand geworfen werden, und nickt. »Es sind genau fünf!«

»Na dann.« Papa lehnt sich auf seinem Stuhl zurück. »Es war ein Tag wie jeder andere im Korallenwald. Das Wasser war blau und klar, die Sonne schien bis auf den Grund. Die meisten Bewohner schwammen herum, aßen hier mal ein

Häppchen und trafen sich dort kurz zu einem kleinen Plausch.

Auch das Seepferdchen Lotte Wallach war unterwegs. Lotte war nicht mehr die Jüngste. Schon kurze Ausritte aus dem Korallenhain hinaus machten ihr zu schaffen. Rennen zu schwimmen wie früher, davon träumte sie nur noch. Dennoch gab es für das Seepferdchen Lotte Wallach nur ein Gesprächsthema: die Unterwasserrennbahn. Ununterbrochen konnte sie von den Renntagen schwärmen, an denen die Nixen mit ihren großen bunten Seetanghüten kamen, oder davon, dass einmal der Wassermann selbst ihr die Siegermedaille angesteckt hatte.

Jedes Tier im Korallenhain hatte ihre Geschichten wohl schon hundertmal gehört, auch die Muschel Venus Williams. Neben der schwebte Lotte gerade auf und ab und erzählte: ›Und dann sagte ich zu der Nixe: Wissen Sie, wir Seepferd-

chen, wir sind zum Schwimmen geboren. Meine Tante, so sagte ich zu der Nixe, die ist sogar schon mal im Gespann geschwommen und wissen Sie, was da passiert ist?‹

Die gelbe Muschel Venus Williams hob ihre obere Schale und blubberte: ›Ja, weiß ich!‹

Lotte Wallach erzählte trotzdem weiter: ›Nein, sagte die Nixe und ich sagte zu ihr: Sie würden es auch nicht glauben!‹

Venus Williams seufzte und begann gelangweilt die Perlen, Ringe und Ketten in den Regalfächern ihrer Schale neu zu sortieren. Weglaufen war für eine Muschel schwierig. Außerdem hatte Venus als kleine Muschel gelernt, dass man zu älteren Tieren höflich sein soll.«

Papa beugt sich zu Jenny über das Bett.

»Ich bin noch wach!« Jenny grinst. »Kommt jetzt Luis Tentakel?«

»Das weißt du doch!«, antwortet Papa.

»Ich mag Luis!«, sagt Jenny. »Weiter, Papa!«

»Während Lotte Wallach nun erzählte und Venus Williams weiter ihre Muschel aufräumte, kam auf einmal Luis Tentakel herangedüst«, fuhr Papa fort. »Wie immer in Hektik und mit allen Armen gleichzeitig hantierend.

›Guten Tag‹, sagte Lotte Wallach und auch Venus Williams öffnete kurz ihre Schale, um Luis zu begrüßen.

›Jaja, Tag und so‹, stieß Luis hervor und konnte nicht verhindern, dass mit seinen Worten auch etwas schwarze Tinte herauskam.

›Ist was?‹, fragte Lotte Wallach. ›Du wirkst so aufgeregt!‹

Luis Tentakel fuchtelte mit seinen Armen. ›Und ob was ist! Große Gefahr! Da hinten, auf der Lichtung! Ihr müsst alle sofort kommen! Sofort!‹

Der Tintenfisch stieß einen Schwall Tinte aus und schoss durch das Wasser wieder davon. Das Seepferdchen Lotte Wallach eilte ihm nach.

›Wartet doch‹, blubberte die Muschel Venus Williams. ›Ich komme auch!‹ Sie fuhr ihren Springfuß aus und begann den anderen beiden hinterherzuhüpfen.

Dabei beeilte sie sich so sehr, dass in ihren Regalen alles durcheinanderflog.

Versteckt hinter einer gelben Koralle warteten der Tintenfisch, das Seepferdchen und Vladimir Ismael Gülden, der Goldfisch, auf sie.

›Und?‹, fragte Venus Williams.

›Sieh doch!‹, flüsterte das Seepferdchen Lotte Wallach.

›Große Gefahr‹, ergänzte der Goldfisch ebenso leise.

Luis Tentakel fuchtelte mit seinen Armen und blubberte mit unterdrückter Stimme: ›Da, es bewegt sich. Achtung!‹

Venus Williams sah vorsichtig um die Koralle herum. Etwas Großes, Schwarzes schwebte über dem Grund mitten auf der Lichtung im Korallenwald.

›Das, das ist ein Hai! Oder ein Wal!‹, entfuhr es Venus Williams.

›Ist es nicht!‹, flüsterte Vladimir Ismael Gülden. ›Dazu ist es zu flach!‹

›Was weißt denn du schon! Jedenfalls hat es die Form eines Fisches!‹, rief Lotte Wallach.

›Vielleicht eine Riesenscholle!‹

›Vorsicht, es kommt auf uns zu!‹, blubberte Luis Tentakel und die vier machten sich hinter der Koralle so klein es ging.

Das große, schwarze Tier bewegte sich langsam auf sie zu, kam näher und näher … Dann drehte es ab und entfernte sich wieder.

Erleichtert richteten sich die vier in ihrem Versteck wieder auf.

›Das war knapp‹, blubberte Luis Tentakel.

›Allerdings!‹, empörte sich Venus Williams. ›Das hätte auch anders ausgehen können.‹

Das Seepferdchen und der kleine Goldfisch waren viel zu verängstigt, um überhaupt noch was zu sagen.

›Was ist denn hier los?‹ Von hinten kam Werner Degen herangeschwommen.

›Ein großer, gefährlicher Fisch!‹, stieß der Tintenfisch aus. ›Da! Auf unserer Lichtung! Der will uns sicher fressen!‹

›Wer hier wen frisst, bestimme ich!‹, verkündete Werner

Degen. Er reckte sich und stieß mit seiner langen, spitzen Schwertnase wild im Wasser herum.

›Willst du wirklich …‹, hauchte das Seepferdchen. ›So ganz allein?‹

›Pah!‹, rief der Schwertfisch. Er nahm etwas Anlauf, und wie ein Pfeil zischte er auf den großen, schwarzen Fisch auf der Lichtung zu.

›Attacke!‹, rief Werner Degen und die vier hinter der Koralle machten vor Angst die Augen zu.

Als sie ihre Augen wieder öffneten, sahen sie den Schwertfisch mit der Nase im Sand stecken und zappeln. Das große, schwarze Ding war immer noch da, lauerte jetzt ein Stückchen weiter hinten auf der Lichtung. Es dauerte einen Moment, bis sich der Schwertfisch befreit hatte und zu den anderen zurückgeschwommen kam.

›So was!‹, näselte Werner Degen. ›Direkt drauf bin ich und dann plötzlich steckte ich im Sand. Das, das ist kein Fisch!‹

›Was dann?‹, fragte Luis Tentakel aufgeregt.

›Ich glaube, ich weiß, was es ist!‹, flüsterte da der Goldfisch Vladimir Ismael Gülden.

›Du?‹, rief Venus Williams abschätzig. ›Woher willst du das denn wissen. Du hast doch fast dein ganzes Leben im Glas verbracht!‹

›Na und!‹, wehrte sich der Goldfisch. ›Immerhin bin ich so in meinem Leben schon ganz schön herumgekommen.‹

›Sag schon‹, forderte ihn das Seepferdchen auf und auch der Schwertfisch näselte: ›Genau, was ist das da?‹

›Seht mal nach oben‹, forderte der Goldfisch die anderen auf.

›Da ist ja noch so ein Monster!‹, blubberte Luis Tentakel.

›Kein Monster, das ist ein Schiff!‹, rief Vladimir Ismael Gülden.

›Ein Schiff?‹, fragte Venus Williams ungläubig und Luis Tentakel bemerkte: ›Das da oben vielleicht meinetwegen. Aber das hier unten niemals. Schiffe schwimmen auf dem Wasser, nicht unter Wasser.‹

›Noch nie was von Schatten gehört? , rief der Goldfisch und grinste. ›Seht doch, immer wenn sich das Schiff oben bewegt, bewegt sich auch das schwarze Ding auf dem Grund.‹

›Also brauchen wir keine Angst davor zu haben?‹, fragte das Seepferdchen und der Schwertfisch Werner Degen näselte beleidigt: ›Und dafür habe ich mir fast die Nase gebrochen. Ein Schatten!‹

›Hätte doch auch was Gefährliches sein können!‹, verteidigte sich Luis Tentakel.

›Na toll, jetzt darf ich noch einmal aufräumen‹, stöhnte Venus Williams nach einem kurzen Blick in ihre Schale.

›So eine Aufregung‹, plapperte das Seepferdchen. ›Für nix und wieder nix. Aber das erinnert mich an meine Tante, die hat auch einmal …‹

Da legte sich eine schwarze Tintenwolke um Lotte Wallach. Als sich die Tintenwolke verzogen hatte, sah das Seepferdchen die anderen Korallenwaldbewohner über die Lichtung schwimmen. ›Wartet doch‹, rief es. Und schwamm, so schnell es konnte, den anderen hinterher.«

Papa beugte sich über Jenny und küsste sie auf die Nase.

»Und wenn sie nicht gefressen wurden, dann schwimmen sie noch heute im bunten Korallenwald umher. Gute Nacht, Jenny. Schlaf schön.«

Papa steht auf und geht leise zur Tür.

Jenny liegt in ihrem Bett, die Decke bis zur Nase hochgezogen, und um sie herum wandern die bunten Schatten vom Goldfisch, vom Schwertfisch, vom Tintenfisch, vom Seepferdchen und von der dicken, gelben Muschel.

Gottfried Keller

Die Glühwürmchen und die Sterne

Zur Zeit der Abenddämmerung saßen drei oder vier Glühwürmchen in einer Wiese unter den Kräutern und Blumen und man sah, wie sie geheimnisvoll die Köpfe zusammensteckten, emsig hin und her krochen und sich eifrig besprachen, sodass man glauben musste, es sei etwas sehr Wichtiges im Gange.

Als nun die Nacht auf die Felder und Fluren herniedersank und die Sterne am Himmel erglänzten, da erklommen sie einen hohen Grashalm und sprachen zu den Sternen: »Ihr lieben Sternlein! Ihr müsst gewiss sehr müde sein von eurem allnächtlichen Wachen, drum geht einmal ohne Sorgen schlafen, wir wollen indes die Erde für euch beleuchten!«

Die Sternlein lächelten einander an und verbargen sich zum Spaße hinter kleinen Wolken; die Glühwürmchen aber glänzten die ganze Nacht hindurch aus allen Leibeskräften und am Morgen meinten die guten Tierlein, sie hätten die Erde erleuchtet.

Angelika Glitz

Monster unter Willis Bett

Unter Willis Bett sitzt ein Monster. Willi hat es zwar noch nie gesehen. Aber er weiß genau, dass es da ist. Bestimmt kommt es durch die Bettritze gekrochen und will meinen Teddy klauen!, denkt Willi. Huh, zieht er die Decke über den Kopf.

Da, wieder ein Rascheln.

»Mammmmaaaa!«

Die Tür fliegt auf.

»Hast du schlecht geträumt, Willi?«, fragt Mama.

»Pssssscht«, wispert Willi. »Pssscht. Da ist ein Monster unter meinem Bett.«

Mama lacht.

»Ganz in echt«, sagt Willi. »Und es macht komische Geräusche.«

Mama streicht Willi durch die Haare. »Gut, hören wir mal, was es für Geräusche macht!«, sagt sie.

Bröööööööhm!

»Ein Auto, das vorbeifährt«, sagt Mama.

»Weiß ich«, sagt Willi. »Bin ja nicht blöd.«

Ratteltatteldiquietsch!

»Bloß der Wind in den Rollläden«, erklärt Mama.

»Pah, weiß doch jedes Monsterbaby«, sagt Willi.

Sonst kann Mama nichts hören. Willi auch nicht.

»Und was ist mit dem Schatten da an der Wand?«, will er wissen.

»Nur von den Bäumen vor deinem Fenster«, sagt Mama lächelnd.

Na, das hat sich Willi gleich gedacht. Er lässt sich zurück in die Kissen plumpsen.

Schmatz, küsst Mama Willis Nase. »Dann schlaf jetzt schön weiter, mein Kleiner«, sagt sie.

»Wie ein großes Murmelmonster«, verspricht Willi. Aber er hält Mamas Arm fest. Und ohne Arm kann Mama nicht weg. »Kannst du nicht trotzdem mal kurz nachschauen?«, fragt Willi. »Ich meine, nur damit wir ganz sicher sind.«

Da knipst Mama die Taschenlampe an. Sie rollt die Lego-Box zur Seite. Dann robbt sie langsam unter das Bett. Boah, wie mutig Mama ist, denkt Willi. Dabei kann das Monster Mama jederzeit in die Nase zwicken.

»Die reinste Müllkippe hier unten«, ruft Mama hinauf. »Morgen wird aufgeräumt.« Willi stöhnt. »Und was macht der schimmelige Joghurtbecher hier? Und mein Hut?«

Beides fliegt unter dem Bett hervor. Und dann noch Willis Unterhose, die doofe Blockflöte, Dromedar Diddy, Stoffschwein Grunzi und …

… Mama starren zwei glühende Augen an.

»Aaaaaaaahhhhhhh!«

Mama lässt die Taschenlampe fallen. Sie springt unter dem Bett hervor, schnappt sich Willi, stürmt aus dem Zimmer. Wumm, die Tür ist zu.

Wusch, schiebt Mama den Tisch davor. Buff, die Kommode und das Regal, schnell noch die Pfanne in die Hand, Mama setzt sich oben drauf: Das Monster ist gefangen.

Willis Augen leuchten. »Mordsgefährlich, das Monster, stimmt's? Sag, hat es fünf oder hat es sieben Köpfe? Hat es Haare in den Ohren? Hat es Mundgeruch?«

Mama zittert. Ganz blass sieht sie aus. »Unter deinem Bett«, wispert sie, »unter deinem Bett sitzt eine Maus.«

»Eine Maus. Wie, eine Maus? Eine mickrige Maus?« Willi ist ein bisschen enttäuscht. »Darf ich sie wenigstens mal streicheln?«, fragt er.

»A-a-a-auf ga-gar keinen Fall«, stottert Mama. »Mäuse sind gefährlich.«

Willi guckt Mama schräg an.

»Besser du schläfst heute Nacht in meinem Bett«, sagt Mama.

Da sagt Willi nichts mehr. Denn in Mamas Bett schlafen darf er sonst nie. Aber morgen werde ich sie fangen, die Maus, denkt Willi. Dann braucht Mama keine Angst mehr zu haben.

Edith Schreiber-Wicke

Ein Rabe kommt selten allein

Es war an einem dieser Frühlingstage. Ihr wisst schon. Einer von den Tagen, an denen man das Gefühl hat, man möchte ununterbrochen Steilflug üben. Oder Achter fliegen. Oder einfach Richtung Sonne schweben. Ja – an einem von diesen Tagen war's, da entdeckte der bunte Rabe plötzlich, dass ihm etwas fehlte.

Verwirrt brach er seine Flugübungen ab und landete auf einem Felsen.

»Fehlt dir was, Kollege?«, fragte ein Rabe neben ihm.

»Ja«, sagte der bunte Rabe. »Das Dumme ist nur – ich weiß nicht, was. Die Sonne scheint, satt bin ich, Freunde hab ich. Was kann ein komischer Vogel wie ich sonst noch wollen?«

»Wenn einem etwas fehlt, muss man es suchen«, sagte der andere Rabe.

»Aber wo soll ich suchen?«, fragte der bunte Rabe.

»Irgendwo«, antwortete der andere Rabe. »Das hat sich bis jetzt immer bewährt.«

Also flog der bunte Rabe irgendwohin.

Wenn man sucht, dann begegnet man immer anderen Suchenden. Das ist seltsam. Aber es ist so.

»Wo sind sie nur?! Wo?!« Ein Streifenhörnchen lief aufgeregt baumauf, baumab.

»Was suchst du?«, fragte der bunte Rabe.

»Meine Nüsschen«, antwortete das Streifenhörnchen, ohne stehen zu bleiben. »Ich habe sie vor dem Winter irgendwo in einem hohlen Baum versteckt. Ich weiß nur nicht mehr, wo.«

»Das muss es sein, was mir fehlt«, dachte der bunte Rabe. »Ein Vermögen. Angelegt in sicheren Nüsschen.«

»Halbe-halbe, wenn ich sie finde?«, fragte der bunte Rabe.

»50 Prozent, nicht mehr«, sagte das Streifenhörnchen streng.

Der bunte Rabe hatte Glück. Schon im dritten hohlen Baum, an den er klopfte, war das Nüsschen-Versteck.

Jetzt war der bunte Rabe also vielfacher Nüsschen-Besitzer. Aber er fühlte noch immer kein Bedürfnis danach, Steilflug zu üben. Oder Achter zu fliegen. Oder sonnenwärts zu schweben.

»Lass nur«, sagte er zum Streifenhörnchen. »Du kannst deine Nüsschen behalten. Das ist es nicht, was mir fehlt.«

»Aber er muss hier irgendwo sein!«

Der bunte Rabe fuhr die Bremsfedern aus und äugte nach unten. Sehr seltsam. Da war ein Mensch, der auf allen vieren kroch und im Gras wühlte. Nicht weit davon warf ein Maulwurf Erdhügel ins langweilig glatte Grün.

»Was sucht dieser Mensch?«, fragte ihn der bunte Rabe.

»Ein Ding aus Gold«, sagte der Maulwurf gelangweilt. »Menschen legen Wert auf so was.«

»Gold?«, fragte der bunte Rabe. »Was ist das?«

»Das weißt du nicht!«, rief der Maulwurf. »Es glänzt und macht glücklich. Sagt man.«

»Jetzt ist alles klar«, dachte der bunte Rabe. »Das ist es. Was mir fehlt, ist ein Ding aus Gold. Wenn ich es finde, dann wird es mir gut gehen.« Und er hielt Ausschau nach etwas, das glänzte. Das Erste war ein Stück Metalldraht, das Zweite der Verschluss einer Dose. Das Dritte aber war ein Ring.

»Gold – ohne Zweifel«, sagte der Maulwurf fachmännisch.

»Jetzt«, dachte der bunte Rabe. »Jetzt werd ich gleich Steilflug üben wollen. Und Achter fliegen. Und sonnenwärts schweben.«

Der bunte Rabe horchte in sich hinein. Er fühlte nichts dergleichen. Er fühlte nur, dass ihm etwas fehlte. Er flog ein Stück höher und ließ den Ring fallen. Direkt vor der Nase des Menschen, der noch immer im Gras wühlte. Der Mensch schaute auf und starrte dem bunten Raben mit offenem Mund nach.

Es war mittlerweile dunkel geworden. Der bunte Rabe seufzte. Er schlief nicht gern allein. Aber es war zu spät, um zurück zu seinem Schwarm zu fliegen. Da sah er eine Eule, die versonnen zum Sternenhimmel hinaufschaute.

»Gestatten?«, fragte er höflich.

»Gestattet«, sagte die Eule knapp. »Aber stör mich nicht beim Suchen.«

Das interessierte den bunten Raben. »Was suchst du?«

»Meinen Stern«, antwortete die Eule.

»Du hast einen eigenen Stern?«, fragte der bunte Rabe beeindruckt.

»Natürlich«, sagte die Eule. »Hab ihn schon gefunden. Es ist dieser kleine, bläuliche dort.«

»Das wird es sein«, dachte der bunte Rabe. »Einen eigenen Stern müsste man haben.«

Die Eule konnte wie alle Eulen Gedanken lesen. »Wenn du willst, kannst du den daneben haben«, sagte sie. »Den gelben, der ist noch frei, soviel ich weiß.«

»Toll«, sagte der bunte Rabe. Er starrte zu dem kleinen, gelben Stern hinauf. Sein eigener, privater Stern. Aber noch immer fühlte er kein Bedürfnis, Steilflug zu üben. Oder Achter zu fliegen. Oder mondwärts zu schweben.

»Wieder nicht«, dachte der bunte Rabe enttäuscht. »Wie kann ich finden, was mir fehlt, wenn ich nicht weiß, was mir fehlt?«

Da plötzlich – da sah er sie.

Ihr Gefieder war von einem Schwarz, also ein Schwarz war das ... Das schönste Schwarz, das er jemals gesehen hatte. Glänzend, mit einem metallischen Blauschimmer. Und sanften Sonnenreflexen. Sie war nicht sehr groß, aber auch nicht sehr klein, gerade richtig war sie. Genau so groß oder so klein, wie eine vollkommene Räbin eben sein muss. Ihr Anblick nahm ihm den Atem. Er musste notlanden. Er musste dicht neben ihr notlanden.

»Fehlt dir etwas?«, fragte sie. Mit einer Stimme, also eine Stimme war das ... Rau, wie eben Rabenstimmen sein müssen. Und auch wieder sanft. Und weich. Und unbeschreiblich.

»Ja«, dachte er. »Mir fehlt etwas. Schwarzes, glänzendes Gefieder, wie es nun einmal von einem richtigen, ordentlichen, standesgemäßen Raben erwartet wurde.«

Sie schaute ihn an. Mit Augen, also Augen waren das … Klug, sanft, mit glitzernden Silberpünktchen drin.

»Was für wunderschöne Farben deine Federn haben«, sagte sie.

Und er fühlte das dringende Bedürfnis, Steilflug zu üben. Oder Achter zu fliegen. Oder sonnenwärts zu schweben. Oder alles auf einmal.

Sigrid Heuck

Mond und Elefantenzahn

Dort, wo die Steppen am heißesten, die Löwen am stärksten, die Geier am gefräßigsten und die kleinen Gazellen am hübschesten sind, wo der Wind den Staub in der Mittagshitze bis zum Himmel hochwirbelt und die Wasserstellen im Sommer zu kleinen Pfützen verdunsten, lebte einmal ein kleiner Elefant. Solange die Sonne hoch stand und mit ihren gleißenden Strahlen Gras und Dornbüsche verdorren ließ, hielt er sich mit seiner Mutter und seiner Großmutter, seinem Vater, dem Großvater und allen Onkeln und Tanten, Vettern und Basen im schattigen Dickicht auf. Doch gegen Abend, wenn die glutrote Sonnenscheibe hinter den Hügeln versank, zog er mit allen zum nahe liegenden Fluss, um sich dort satt zu trinken und im Wasser zu plantschen.

Wenn sich vor grauen Steppenhügeln,
in einem See aus heißer Luft,
uralte Dornbuschbäume spiegeln,
wenn sich der Regenzauberduft
über dem weiten Land ausbreitet,
wenn unter einem Affenbrotbaum

der alte Pavian in seinem Traum
auf einem wilden Löwen reitet,
dann trocknet der warme Steppenwind
das kleine Elefantenkind.

Eines Tages trampelte es aus Versehen durch das Gelege einer Straußenfrau, wobei es ein Ei zerbrach.

»Du dickfelliger Trampel!«, kreischte der riesige Vogel. »Da sieht man's mal wieder …!«

»Was sieht man?«, fragte das Elefantenkind erschrocken und ziemlich kleinlaut, denn es tat ihm sehr leid, dass ihm das passiert war.

»Dass ihr Dickhäuter kein Gefühl für andere habt! Immer müsst ihr auf allem herumtrampeln.«

Das traf den kleinen Elefanten sehr, denn er hatte eine besonders empfindsame Seele. Langsam kullerte eine Träne seinen Rüssel hinunter. »Stimmt das?«, fragte er seine Mutter.

»Was soll stimmen?«, fragte die Elefantin zurück, denn sie hatte nichts mitbekommen von dem Vorfall.

»Dass wir Dickhäuter sind?«

»Was kümmert es dich?«

»Und dass wir kein Gefühl für andere haben?«

»Ach, Quatsch!«, erwiderte die Mutter entrüstet und bewarf sich weiter mit Sand, denn das war eine ihrer Lieblingsbeschäftigungen.

Doch mit dieser Antwort war der kleine Elefant nicht zufrieden.

Wenn sich vor grauen Steppenhügeln,
in einem See aus heißer Luft,
uralte Dornbuschbäume spiegeln,
wenn sich der Regenzauberduft
über dem weiten Land ausbreitet
und unter einem Affenbrotbaum
der alte Pavian in seinem Traum
immer noch einen Löwen reitet,
da fragt das Elefantenkind
den Steppenwind:
»Stimmt es, dass Elefanten Dickhäuter sind?«

»Aber ja«, erwiderte der Wind schläfrig und wiegte sich im hohen Gras hin und her.

»… und deshalb ohne Gefühl für andere Wesen?«

»Aber nein. Wer behauptet denn das?«

»Die Straußenfrau.«

»Dann lass sie reden. Ich weiß es besser.«

»Bitte, lieber Wind erzähl mir, was du weißt!«, bettelte das Elefantenkind.

Während sich vor den Steppenhügeln,
in einem See aus heißer Luft,
uralte Dornbuschbäume spiegeln,
während der Regenzauberduft
sich über dem weiten Land ausbreitet,

während unter dem Affenbrotbaum
der alte Pavian in seinem Traum
weiter auf seinem Löwen reitet,
erzählt der warme Steppenwind
dem kleinen Elefantenkind:

»In uralten Zeiten konnten sich Sonne und Mond nicht über die Beherrschung des Himmels einigen. Sie jagten einander um die Erde, immer rundherum und rundherum.

Doch die Sonne war stärker und der Mond wurde allmählich müde. Er wurde mager, weil er Angst hatte, dass die Sonne ihn auffressen würde, sobald sie ihn eingeholt hätte. So machte er sich auf die Suche nach einem Versteck. Er fragte zuerst das Wasser, ob es ihm Unterschlupf bieten könnte, aber das Wasser war viel zu eitel. Es war stolz auf seine glasklare Durchsichtigkeit. Darauf wollte es nicht verzichten.

Danach fragte der Mond die Menschen. Aber den Menschen war gleich, was aus dem Mond werden würde.

Anschließend fragte er die Tiere. Er fing bei dem kleinsten Tier an, doch keines konnte ihm helfen.

Zuletzt, als er nur noch eine schmale Sichel war, fragte der Mond den Elefanten. Der Elefant fühlte Mitleid mit ihm. Er dachte kurz nach, packte dann die schmale Mondsichel, brach sie in der Mitte auseinander und steckte sich die beiden Teile rechts und links von seinem Rüssel ins Maul. Und als die Sonne dahergestürmt kam und sich nach dem Mond erkundigte, schüttelte der Elefant nur den Kopf.

›Und was ist das, was da aus deinem Maul herausragt?‹, fragte die Sonne.

›Das sind meine Zähne‹, antwortete der Elefant. ›Was denn sonst?‹

Die Sonne glaubte ihm das und machte sich von Neuem an die Verfolgung. Nachdem sie weg war, holte der Elefant die beiden Mondhälften wieder heraus und fügte sie zusammen. So rettete er dem Mond das Leben. Und weil jener schon immer große Zauberkraft besaß, zauberte er dem Elefanten zwei wunderschöne gebogene Zähne, die auch heute noch wie Mondsichelhälften seinen Rüssel einrahmen. Wer aber gute Augen hat, kann immer noch den kleinen Riss im Mond erkennen. Das ist die Stelle, an der ihn der Elefant auseinandergebrochen und wieder zusammengeklebt hat.«

Das erzählt der warme Steppenwind
dem kleinen Elefantenkind,
während sich vor den fernen Hügeln,
in einem See aus heißer Luft,
uralte Dornbuschbäume spiegeln,
während sich Regenzauberduft
über dem weiten Land ausbreitet
und unter dem Affenbrotbaum
der alte Pavian in seinem Traum
immer noch seinen Löwen reitet.

Und dann fügte der Wind noch hinzu: »Und wenn dich nochmals jemand einen dickfelligen Trampel nennt, dann kümmere dich nicht darum, denn der Mond weiß es besser.«

Danach verließ der eilige Wind
das getröstete Elefantenkind.

Ulrike Kuckero

Gute Nacht, Fränzchen!

Am Abend, nachdem der Vater eine kleine Gutenachtgeschichte vorgelesen hatte, machte Greta sich bereit, all ihren Tieren im Bett Gute Nacht zu sagen.

Der Vater klappte das Buch zu und wollte sich schon einmal zur Tür schleichen. Denn Gretas Bett war voll mit Kuscheltieren: um das Kopfkissen herum, an der Wand entlang, und am Fußende lagen auch noch welche. Das Gutenachtsagen bei Gretas Tieren dauerte mindestens ebenso lange wie das Gutenachtgeschichten-Vorlesen, und Gretas Vater wollte auf keinen Fall die Nachrichten verpassen.

»Halt!«, rief Greta gebieterisch, denn sie hatte genau gesehen, dass ihr Vater sich davonmachen wollte. »Du musst meinen Tieren noch Gute Nacht sagen, sonst kann ich nicht einschlafen.«

Gretas Vater, der schon bei der Mitte des Zimmers angekommen war, stand sofort stockstill. Das war eine schlimme Drohung. Eine Greta, die nicht einschlafen konnte, dauerte noch länger als eine Gutenachtgeschichte vorlesen und das Gutenachtsagen bei allen Tieren zusammen. Also kehrte Gretas Vater um und setzte sich wieder auf ihr Bett.

»Machen wir es heute mal schnell«, schlug er vor. »Gute Nacht, alle zusammen!« Damit drückte er einen Kuss auf Gretas Haare und winkte den Kuscheltieren kurz zu.

»Halt!«, rief Greta wieder. »Du weißt genau, das mögen meine Tiere nicht, und dann kann ich nicht einschlafen!«

Gretas Vater zuckte zusammen. Er wollte sich lieber gar nicht erst vorstellen, wie eine Greta, die nicht einschlafen konnte, ins Wohnzimmer kam und das mitten in den Nachrichten. Also streckte er den Arm aus, genauso wie Greta es haben wollte, und streichelte als Erstes den großen Löwen, der neben Gretas Kopfkissen lag.

»Gute Nacht, Löwe«, murmelte er.

Dann war der Panther dran.

»Gute Nacht, Panther«, murmelte er.

Dann kam das Kamel an die Reihe.

»Gute Nacht, Kamel«, murmelte er und schaute verstohlen auf seine Uhr.

»Das ist kein Kamel«, verbesserte Greta ihren Vater. »Das ist ein Dromedar. Es ist beleidigt, wenn du Kamel zu ihm sagst. Siehst du nicht, dass es nur einen Höcker hat? Kamele haben zwei!«

»Oh, Verzeihung«, sagte Gretas Vater schnell. »Gute Nacht, Dromedar.«

Und so ging es weiter, die ganze Reihe entlang: erst die Tiere, die am Kopfkissen lagen, dann die Tiere, die an der Wand lagen, und als Gretas Vater bei den Tieren ankam, die unten am Fußende lagen, hatte er schon einen ganz müden Arm.

»Gute Nacht, Krokodil«, sagte der Vater und atmete auf. Das

Krokodil war das letzte Kuscheltier. Nun endlich durfte er zu seinen Nachrichten gehen und Greta konnte einschlafen.

Der Vater erhob sich, drückte noch einen Kuss auf Gretas Haar und ging zur Tür. »Schlaf schön bis morgen spät!«, sagte er und hoffte, dass Greta ihn am nächsten Morgen nicht wieder um sechs Uhr in der Früh aus dem Schlaf zerren würde.

»Halt!«, schrie Greta plötzlich und ihre Stimme war schrill vor Schreck.

Gretas Vater stöhnte auf. »Was ist denn nun noch?«, fragte er und hatte nicht übel Lust, gleich sofort zu seinen Nachrichten zu gehen.

»Fränzchen ist weg!«, kreischte Greta.

»Fränzchen? Wer ist das?«, fragte Gretas Vater. Er kannte nur Löwe, Panther, Dromedar und all die anderen Tiere, die genau so hießen, wie sie waren. Was also war ein Fränzchen?

»Fränzchen?«, wimmerte Greta, »Fränzchen ist Fränzchen! Weißt du nicht, wer Fränzchen ist?«

Gretas Vater bekam ein schlechtes Gewissen. Hatte er vergessen, wer Fränzchen war? Wie konnte er nur! Er versuchte sich zu erinnern, wo Fränzchen gestern Abend gesessen hatte. Doch ihm fiel kein Fränzchen ein.

»Meinst du vielleicht das kleine Äffchen?«, schlug er hoffnungsvoll vor und nahm den kleinen Affen hoch. »Der ist doch hier, neben dem Reh.«

»Nein, das ist doch Affe!«, sagte Greta böse. »Fränzchen ist doch kein Affe.«

Gretas Vater nickte. So war das. Fränzchen war kein Affe. Aber was war Fränzchen dann?

Unauffällig schaute er auf seine Uhr und entdeckte, dass seine Nachrichten schon halb vorbei waren.

Greta hingegen war aus dem Bett gesprungen und jammerte in einem fort: »Fränzchen ist weg! Ohne Fränzchen kann ich nicht einschlafen!«

Gretas Vater dachte angestrengt nach. Eine Greta, die nicht einschlafen konnte, wollte er lieber nicht. Schließlich hatte er eine gute Idee.

»Ich hole jetzt Mama«, sagte er und ging schnell auf den Flur. »Die findet immer alles.«

Als Antwort heulte Greta nur auf und kroch in den Schrank. Doch als der Schrank ausgeräumt war, wurde Greta klar, dass Fränzchen nicht im Schrank war. Also beschloss sie die Kommodenschubfächer zu durchsuchen.

Als Gretas Mutter ins Kinderzimer kam, fand sie ein ungeheures Durcheinander vor. Die Schubladen waren leer, alle Sachen lagen auf dem Teppich und mittendrin saß Greta und weinte.

»Fränzchen, mein Fränzchen!«, heulte sie.

Die Mutter nahm Greta auf den Arm. »Ab ins Bett mir dir!«, schimpfte sie liebevoll und stopfte die Decke um Greta. »Und jetzt sag mir, was das ist: dein Fränzchen.«

Greta schluchzte noch einmal laut und wischte sich die Tränen ab. »Mein Fränzchen ist doch mein Fränzchen. Das weißt du doch! Es lag gestern hier unter meinem Kopfkissen.«

»Unter deinem Kopfkissen?«, staunte Gretas Mutter. »Ist Fränzchen denn kein Kuscheltier?«

»Wie kann Fränzchen denn ein Kuscheltier sein, wenn es doch ein Fränzchen ist?«, klagte Greta.

Gretas Mutter nickte. Das war klar. Ein Fränzchen war ein Fränzchen. Doch wie konnte man ein Fränzchen suchen, wenn man nicht wusste, wie ein Fränzchen aussah? Die Mutter versuchte es noch einmal: »Wie sieht dein Fränzchen denn aus?«

»Wie mein Fränzchen aussieht?«, heulte Greta empört und die Tränen spritzten aus ihren Augen.

»Du lieber Himmel, beruhige dich doch«, sagte Gretas Mutter jetzt streng. »Wenn du nicht sagen kannst, wie dein Fränzchen aussieht, dann kann ich es nicht suchen.«

Das verstand Greta sofort. Sie hörte auf zu heulen und dachte nach. Wie konnte man erklären, wie ein Fränzchen aussah?

Während Greta nachdachte, schaute der Vater durch den Türspalt und wollte schon schnell wieder zurück ins Wohnzimmer gehen, da rief die Mutter: »Bitte komm doch noch einmal und hilf mir suchen!«

Zögernd kam Gretas Vater wieder ins Kinderzimmer getappt. Seine Nachrichten waren zwar längst vorbei, doch er konnte sich viele schöne Dinge vorstellen, die rein gar nichts mit Suchen zu tun hatten.

Plötzlich hellte sich Gretas Gesicht auf. »Fränzchen ist ein Tuch«, sagte sie.

»Ein Tuch?«, fragte die Mutter erstaunt. »Warum heißt es dann nicht Tuch, wenn es nur ein Tuch ist?«

»Es ist nicht nur ein Tuch!«, rief Greta grimmig. »Es ist aus Tuch.«

»Du meinst«, sagte der Vater vorsichtig, »dein Fränzchen ist ein Stück Stoff?«

Greta schwieg. Dann zeigte sie mit den Fingern: »Es ist so groß. Und so breit. Und einen Kopf hat es und zwei Arme. Wir haben es im Kindergarten gemacht.«

Gretas Eltern sahen sich an. Sie hatten Fränzchen noch nie gesehen, aber jetzt konnten sie sich etwas vorstellen: eine kleine Stoffpuppe. Und nun ging das Suchen los. Der Vater nahm sich den Schrank noch einmal vor. Die Mutter unter-

suchte die Kommode noch einmal. Greta saß auf ihrem Bett und schaute zu.

Nach einer Weile nahm der Vater sich das Regal mit den Spielzeugkisten vor. Bald half ihm die Mutter dabei, alle Kisten auszuleeren und die Sachen im Zimmer zu verstreuen.

Greta fand das herrlich!

Sie sprang vom Bett und begann tolle Sachen aus Legosteinen, Bauklötzen und Puppenstubenmöbeln zu bauen. Als sie fertig gespielt hatte und sah, dass Mutter und Vater immer noch nicht fertig gesucht hatten, da schaute Greta sich in ihrem Kinderzimmer um und dachte nach. Plötzlich schrie sie: »Ich weiß, wo Fränzchen ist!«

Der Vater und die Mutter ließen die Kisten und Kästen fallen und starrten ihre Tochter an.

Greta hüpfte zur Puppenstube und schaute in das Schlafzimmer. Dort, in dem kleinen blauen Puppenbett unter der rot karierten Bettdecke, schaute ein kleiner weißer Zipfel hervor.

Gretas Vater und Mutter stürzten herbei und wollten das Puppenbettchen aus dem Schlafzimmer reißen und die Bettdecke fortziehen, um endlich das Fränzchen zu sehen. Doch Greta legte den Finger auf den Mund und machte: »Schschsch! Fränzchen schläft!«

»Dem Himmel sei Dank!«, stöhnte Gretas Vater. »Dann kannst du jetzt ja auch endlich schlafen.«

Auch die Mutter nickte erschöpft und besah sich das unordentliche Kinderzimmer.

»Warum heißt es denn eigentlich Fränzchen?«, fragte sie müde.

»Weil mir die Franzi dabei geholfen hat«, erklärte Greta,

nahm das Puppenbett vorsichtig aus der Puppenstube und trug es zu ihrem Bett. Dort stellte sie das Bettchen neben ihr Kopfkissen, legte sich hin und deckte mit einem Finger die kleine rot karierte Bettdecke auf. Da lag eine kleine Zipfelpuppe mit aufgemaltem Gesicht und zusammengebundenen Armen und Beinen in dem Bettchen.

»Das ist also Fränzchen«, sagten die Eltern erleichtert und gaben ihrer Tochter einen letzten Kuss.

Zufrieden rollte Greta sich in ihre Decke, gähnte und murmelte: »Gute Nacht, Fränzchen! Gute Nacht!«

Schon schlief sie tief und fest. Und das Fränzchen natürlich auch.

Ursula Wölfel

Die Geschichte vom Gähnen

Einmal hat ein Mädchen das Schwesterchen im Kinderwagen spazieren gefahren.

Das Schwesterchen war müde, es hat gegähnt. Da musste auch das Mädchen gähnen.

Die Frau vom Hutladen hat das gesehen und gleich hat sie mitgegähnt und die Leute an der Haltestelle auch und der Zeitungsmann und sogar der Radfahrer, alle mussten sie mitgähnen.

Gerade ist die Straßenbahn gekommen und der Schaffner hat die vielen offenen Münder gesehen. Da musste er gähnen und gähnen und konnte nicht weiterfahren.

Der Mann im Lastwagen wollte wissen, warum die Straßenbahn so lange stehen geblieben ist. Er hat sich aus dem Fenster gebeugt und sofort musste er gähnen.

Das haben die anderen Autofahrer gesehen. Sie haben gleich die Autos angehalten und gegähnt.

Der Polizist wollte auf seiner Pfeife trillern. Alle sollten endlich weiterfahren.

Aber er konnte nicht in die Pfeife blasen, er musste mitgähnen.

Bald haben alle Leute und alle Hunde und Katzen in der Stadt gegähnt, auch der Schornsteinfeger auf dem Dach und sogar die Regenwürmer in der Erde.

Da war es aber schon Abend und alle sind früh schlafen gegangen.

Achim Bröger

Ich erzähl mir, wie der Tag war

Vorhin hat Papa gesagt: »Mach das Licht aus.« Jetzt liege ich im Bett. Bei mir im Zimmer und draußen vor dem Fenster wird es immer dunkler. Im Nachbargarten bellt der große Hund. Und ich sehe den Mond im Fenster.

Bestimmt kommen Mama und Papa gleich zum Gutenachtsagen. Aber ich höre sie gar nicht. Wo bleiben sie denn? Seltsam ruhig ist es. Wenn es so ruhig ist, erzähle ich mir immer etwas. Dann höre ich die Ruhe nicht mehr so. Was erzähle ich mir heute? Ach, ganz einfach. Ich erzähl mir, wie der Tag war.

Beim Turnen habe ich es wieder nicht geschafft, die Stange hochzuklettern. In der großen Pause hat mich einer aus der vierten Klasse umgestoßen. Mein Pausenbrot ist in den Dreck gefallen. Aber dann hat Paul mir die Hälfte von seinem Pausenbrot gegeben. Das war gut.

Am Nachmittag ist er zu mir gekommen. Wir haben zusammen Hausaufgaben gemacht und gespielt. Das war sehr gut. Den Paul mag ich nämlich.

Also … es war ein halb guter, halb schlechter Tag. Vielleicht war der Tag sogar mehr gut als schlecht.

Am Sonnabend will Paul wieder zu mir kommen. Übermorgen ist das. Vielleicht darf er hier bei mir schlafen. Ich frage Papa und Mama nachher, ob sie es erlauben.

Jetzt höre ich ihre Schritte im Flur. Schnell die Decke über den Kopf gezogen. Ich will Verstecken mit ihnen spielen. Die werden staunen, wenn sie mich nicht im Bett sehen. Die Tür geht auf und ich höre meinen Papa. »He, wo steckt Hanna denn?«

Einen Augenblick liege ich noch ganz ruhig. Dann strample ich meine Decke weg und gucke in die erstaunten Gesichter von Papa und Mama.

Gleich werde ich sie fragen, ob Paul am Sonnabend hier schlafen darf. Hoffentlich erlauben sie es!

Rebecca Hohlbein

Max und das Bettkastenmonster

»Ich will aber nicht schlafen«, jammerte Max zum wiederholten Male. »Bitte, Mama, ich will noch etwas aufbleiben.«

Mama schüttelte entschieden den Kopf. »Nein«, sagte sie. »Es ist schon spät, mein Schatz!«

»Bitte, bitte«, bettelte Max, »nur noch eine halbe Stunde.«

»Nein!«

Es hatte keinen Sinn. So, wie es nie Sinn hatte. Max wusste das und trotzdem fragte er: »Kann ich denn wenigstens in deinem Bett schlafen?«

Mama schüttelte erneut den Kopf. »Nein, mein Schatz. So groß ist mein Bett nun auch nicht. Du, ich, Papa und am Ende auch noch Kilian in meinem Bett …« Sie lachte. »Das wird mir viel zu eng.«

»Kilian schläft doch sowieso immer in seinem Bett«, räumte Max ein.

»Genau«, bestätigte Mama, »und das kannst du auch.«

»Kilian ist aber schon viel älter. Wenn ich so groß bin wie Kilian, dann schlafe ich auch wieder in meinem Bett«, versprach Max. »Denn dann …«

Er zögerte. Mama würde ihn wieder auslachen. Immer

lachte sie über ihn, wenn er ihr erzählte, warum er nicht in seinem Bett schlafen mochte.

»Was dann?«, fragte Mama.

Max nahm all seinen Mut zusammen. »Dann lauert auch kein Monster mehr in meinem Bettkasten. Dann habe ich eine große Matratze, so wie Kilian. Eine, die auf dem Boden liegt, ohne Bettkasten. Und ohne Monster.«

»Du hast recht«, sagte Mama, »unter Kilians Bett liegt kein Monster. Genauso wenig wie unter deinem!« Sie lachte nicht, aber in ihren Augen war ein Glitzern, das verriet, dass sie es am liebsten getan hätte.

»Mama …«

»Nein.« Mama stand auf. »Warte. Ich hole Helga, die wird dir eine schöne Gutenachtgeschichte erzählen.« Ohne auf Max' Zustimmung zu warten, erhob sie sich vom Bettrand und verließ das Zimmer, um einige Augenblicke später mit der Puppe Helga zurückzukehren.

Helga war fast so groß wie Max selbst, hatte knallrotes Haar und trug ein grünes Hemd. Darunter verbarg sich eine ziemlich große Narbe auf Helgas Bauch, wo Max ihn mit der Schere aus seiner Bastelbox aufgeschnitten hatte.

Die Sache war nämlich so: Helga kam fast jeden Abend und erzählte ihm eine Geschichte: von Hänsel und Gretel, vom Teufel mit den drei goldenen Haaren oder von Rapunzel. Dazu schob Mama ihre Hand in Helgas Hinterkopf und bewegte mit ihren Fingern den Mund der Puppe auf und zu. Das hatte Max längst durchschaut.

Aber woher kam die Stimme? Mamas Mund bewegte sich jedenfalls nicht. Mama behauptete steif und fest, dass die

Puppe selbst sprechen konnte. Max' Vermutung war deshalb gewesen, dass Helga so eine Art Kassettenrekorder in ihrem Körper hatte. Also hatte er ihren Bauch kurzerhand aufgeschnitten, außer einer Menge Schaumstoff aber nichts darin gefunden. Darum vermutete Max nun, dass sich ein ultrakomplizierter Computermikrochip in ihrem Kopf befand. Er würde sich bei Gelegenheit darum kümmern.

Aber Helga war jetzt eigentlich nicht sein Problem. Sein Problem war das Monster, das sich in seinem Bettkasten versteckte und nur darauf wartete, dass er die Augen schloss und einschlief, damit es über ihn herfallen und in seine nackten Zehen beißen konnte.

Es war zum Verrücktwerden! Er hatte eine Mutter, die an sprechende Puppen glaubte, nicht aber an so etwas ganz Normales wie ein Monster. Dabei musste sie es schon viele Male gesehen haben, wenn sie – wie jeden Abend – für ihn im Bettkasten nachschaute. Dann behauptete sie aber immer, da sei kein Monster. Max war sicher, dass sie log, damit er besser schlafen konnte. Er selbst hatte das Monster zwar noch nie erblickt, weil er sich gar nicht traute in den Bettkasten hineinzusehen, aber er wusste einfach, dass es da war. So konnte es nicht weitergehen.

Und noch bevor Max schließlich doch – wie jeden Abend – über Helgas Geschichte einschlief, hatte er einen Plan gefasst.

Es war gar nicht so einfach, wie er sich das vorgestellt hatte. Für seine Aktion musste er sich heimlich einige Sachen von Mama, Papa und Kilian »ausleihen«. Max wusste, dass das nicht ganz richtig war, aber hier handelte es sich schließlich um einen Notfall. Er brauchte eine Taschenlampe und ein paar Ersatzbatterien, Kilians Hanteln, Klebeband und ein großes Wollknäuel, damit sein Plan funktionierte.

Im Laufe des nächsten Tages suchte er sich die Sachen zusammen. Sein schlechtes Gewissen beruhigte er mit dem Gedanken, dass er alles zurückgeben würde, wenn er fertig war mit dem, was er vorhatte.

Und dann würden sein großer Bruder und seine Eltern Augen machen. Sie würden seinen Mut bewundern und vielleicht gaben sie sogar ein kleines Fest für Max, den Helden.

Aber bis dahin stand ihm noch einiges bevor. Jede Minute, in der er unbeobachtet war, nutzte Max an diesem langen Tag, um seine Muskeln mit Kilians Hanteln zu stählen. Die waren ganz schön schwer und Max bewunderte seinen Bruder insgeheim für die gewaltige Kraft, die er haben musste, um die schweren Hanteln zigmal hintereinander zu heben.

Am Abend schlüpfte Max komplett angezogen ins Bett, zog die Decke bis zum Hals und betete, dass Mama nichts merkte. Sie merkte nichts, und so schloss er die Augen, tat, als ob er schliefe, und wartete geduldig ab, bis Helga mit ihrer Geschichte zu Ende gekommen war und Mama das Zimmer mit der Puppe verließ, das Licht löschte und die Tür hinter sich schloss. Dann wartete er noch eine kleine Weile ab, um ganz sicherzugehen, dass seine Mutter nicht vielleicht doch noch einmal »kontrollieren« kam.

Schließlich stand er auf, schlich auf leisen Sohlen zu seiner großen Spielzeugkiste und kramte im Dunkeln sein »Werkzeug« hervor, das er dort versteckt hatte.

Die Taschenlampe brauchte er, weil es sicher auffallen würde, wenn er das große Licht anknipste. Max hoffte seine Muskeln genug gestählt zu haben, um ein Monster – und sei es auch noch so groß – einfangen zu können. Dann würde er es mit dem Wollknäuel einwickeln. Er würde es so gnadenlos darin verstricken, dass es vom Tierarzt wieder freigeschnitten werden müsste, genau so wie damals Kater Klaus.

Und mit dem Klebeband würde er dem Monster das Maul zukleben, damit es nicht so laut schrie, wenn er es seinen Eltern übergab. Ein Monster hat bekanntlich ein sehr großes Maul und deshalb hatte Max extra die Riesenrolle Klebeband genommen – so eine für Postpakete und kaputte Sandeimer. Max knipste die Taschenlampe an, schob die Wolle unter sein Hemd und das Klebeband unter seinen linken Arm, schlich sich zu seinem Bett zurück und blieb erst einmal eine ganze Weile davor stehen.

Sein Herz raste und schlug ihm bis zum Hals, seine Hände zitterten. Außerdem wurde ihm auf einmal ziemlich warm. Er schwitzte.

Schließlich nahm er all seinen Mut zusammen, holte tief Luft und streckte die Hand aus. Dann öffnete er mit einem kräftigen Ruck den Bettkasten – und schrie auf!

In seinem Bettkasten, ganz hinten rechts, kauerte tatsächlich ein Monster! Es war grün, wie alle Monster, und sein Haar war grellgelb, zerzaust und stand in alle Richtungen ab. Seine Augen waren riesengroß und orangerot und es hatte einen gewaltigen Mund, in dem viele kleine spitze Zähne blitzten. Max fand, es sah ein kleines bisschen so aus wie Bob Marley, der von dem großen Poster in Kilians Zimmer herunterlachte. Nur eben in Grün.

Max biss sich auf die Lippen und versuchte aufzuhören zu schreien, aber es gelang ihm nicht. Oder doch?

Es dauerte eine ganze Weile, bis er begriff, dass nicht er es war, der schrie, sondern das Bettkastenmonster! Max' Kiefer klappte nach unten: Das Monster kauerte tatsächlich in der Ecke, hielt seine riesigen Hände abwehrend vor sich und schrie. Max schluckte und stand einige Sekunden verblüfft vor dem brüllenden Wesen, unfähig etwas zu tun oder zu sagen. Was war denn hier los?

Vorsichtig drehte er sich herum und sah nach, ob hinter ihm vielleicht noch ein viel größeres Monster erschienen war, das das Bettkastenmonster erschreckte. Aber da war nichts. Sie waren allein im Zimmer.

Also drehte er sich wieder zu dem Monster herum und sagte: »Nun hör doch endlich auf zu schreien.«

Aber das Monster brüllte weiter.

»Es ist doch alles in Ordnung«, sagte Max beruhigend. »Was ist denn nur mit dir los?«

Endlich verstummte das Monster. Fast jedenfalls. Es schluchzte nur noch leise. Und es zitterte so stark am ganzen Körper, dass man es hören konnte. Schließlich antwortete es: »Ich habe Angst.«

»Angst?«, fragte Max erstaunt. Er selbst hatte plötzlich gar keine Angst mehr. »Wovor hast du denn Angst?«

»Vor dir«, antwortete das Monster mit zitternder Stimme.

»Vor mir?« Max konnte nicht anders, er musste lachen. »Warum hast du denn Angst vor mir?«

Das Bettkastenmonster zuckte mit den Schultern. »Keine Ahnung.« Langsam schien es sich wieder zu beruhigen. Es dachte nach. »Ich glaube, weil ich dich nicht kenne.«

Da ist was dran, dachte Max. Ihm war es doch genauso gegangen. Er hatte noch nie zuvor ein Monster gesehen. Er hatte nicht wirklich gewusst, was ein Monster war, und trotzdem hatte er Angst gehabt. Weil es etwas Fremdes war. Aber warum, dachte er weiter, hatte Mama ihm das Monster nie gezeigt? Warum hatte sie behauptet, sein Bettkasten wäre leer?

Er musste ziemlich laut gedacht haben, denn das Monster antwortete: »Weil sie mich nicht gesehen hat.«

»Aber du warst doch die ganze Zeit über da, oder?«, fragte Max unsicher.

»Ja, schon«, antwortete das Monster. Es kroch aus dem Bettkasten hervor und setzte sich auf die Bettkante. »Aber sie hat mich trotzdem nicht gesehen.«

»Warum denn nicht?«

»Weil Erwachsene nur das sehen, woran sie glauben. Vor allem anderen verschließen sie sozusagen ihr inneres Auge.«

»Aha«, sagte Max, obwohl er das nicht ganz verstand. »Und was machen wir jetzt?«

Das Monster legte die Stirn in Falten und überlegte kurz. »Schlafen?«, schlug es schließlich vor.

»Okay«, antwortete Max. »Bei mir oder bei dir?«

Statt einer Antwort kroch das Monster unter Max' Bettdecke und kuschelte sich in sein Kissen. »So ein Bettkasten ist auf die Dauer ganz schön unbequem«, sagte es dann. »Bin ich froh, dass das jetzt vorbei ist.« Und schon war es eingeschlafen.

Max kroch zu dem Bettkastenmonster unter die Decke. Aber schlafen konnte er noch lange nicht.

Er dachte darüber nach, was das kleine Monster gesagt hatte. Über die Angst vor dem Fremden und über das innere Auge der Erwachsenen. Sein neuer Freund war ganz schön klug, fand Max. Und sehr lieb und völlig harmlos obendrein. Stolz darauf, dass er so mutig gewesen war in den Bettkasten zu gucken, schlief Max schließlich ein.

»Soll ich nachsehen?«, fragte Mama, als sie Max am nächsten Abend ins Bett brachte.

»Wonach?«, fragte Max.

»Nach dem Monster in deinem Bettkasten«, antwortete Mama.

»Nein, das brauchst du nicht«, sagte Max. Das liegt doch hier neben mir, hätte er gern noch hinzugefügt, aber das konnte Mama ja nicht sehen.

Mama zog überrascht eine Augenbraue hoch, aber dann lächelte sie erleichtert. Sie nahm Helga und schob ihre Hand

in deren Kopf. Die Puppe begann eine Geschichte zu erzählen. Max musterte erst Helga, dann Mama und schließlich wieder Helga. »Mama?«

»Ja?«

»Dein inneres Auge ist ganz schön blind.«

»Wie bitte?«

Max antwortete nicht darauf. Wieder sah er abwechselnd auf Helga und seine Mutter. Dann sagte er: »Aber deine innere Stimme, die funktioniert wirklich toll!« Damit drehte er sich um, kuschelte sich an das kleine Bettkastenmonster und schlief auf der Stelle ein.

Otfried Preußler

Wenn Zwottel schnü-schna-schnurcht

Zwottel ließ sich die Grütze schmecken, er schnaufte und schmatzte aus vollen Backen. »Hach, ist das gut und süß! – Huch, ist das süß und gut!«

Im Nu war der Teller ausgelöffelt. Hörbe schob ihm den Rest seiner eigenen Grütze hin. »Ich bin satt – nun mach schönes Wetter, Zwottel!«

Der Zottelschratz leerte auch Hörbes Teller, das schaffte er ohne Mühe. »Unsereins kann nämlich eine ganze Menge vertragen«, sagte er voller Stolz. »Zum Beispiel wäre mir jetzt ein großes Stück Brot recht – mit Pri-Pra-Preiselbeermirmulade drauf ...«

Hörbe ging zum Brotkasten, Hörbe lief in die Speisekammer. Er legte ein halbes Hutzelmannsbrot auf den Tisch, er stellte den Topf mit der Marmelade daneben.

»Übrigens wird es allmählich Zeit, dass wir Licht machen«, meinte er dann und nahm die Laterne vom Haken. Nachdenklich schaute Zwottel ihm dabei zu, wie er mit einem brennenden Span das Wachslicht in der Laterne ansteckte und sie dann über dem Esstisch aufhängte.

»Langsam wirst du mir unheimlich«, sagte der Zottel-

schratz. »Sogar Licht machen kannst du – Licht machen, wenn es draußen finster wird …«

Sie verzehrten beim Schein der Laterne das halbe Brot und die Marmelade. Hörbe aß bloß ganz wenig davon, der Zottelschratz umso mehr. »Unsereins hat nämlich einen großen Magen, verstehst du – da geht eine Menge rein …«

Zwottel war müde vom vielen Essen, er musste gähnen. Auch Hörbe fand, dass es an der Zeit war, schlafen zu gehen.

Auf dem Dachboden stopfte er einen Sack mit getrocknetem Waldgras voll, den schaffte er in den Stubenwinkel neben dem Ofen und überzog ihn mit einem frischen Leintuch. Dann legte er eine Decke aus Mausewolle darauf und ein Kopfkissen.

»Dein Schlafplatz, Zwottel. Ich hoffe, er ist dir warm und bequem genug.«

Zwottel hatte sein Lebtag immer nur draußen im Wald geschlafen. Er streckte sich auf dem Lager aus und ließ sich von Hörbe zudecken.

»Na, wie fühlst du dich?«

»Wie im Himmel – als ob ich zwischen zwei Wi-Wa-Wolken läge …«

Zwottel hatte die letzten Worte nur noch gemurmelt, dann schlief er ein.

Der Hutzelmann blies das Licht aus, auch er ging zu Bett. Wie immer behielt er den großen Hut auf, der ihn nicht nur vor Regen und Sonne schützte, sondern bei Nacht auch vor bösen Träumen. War es nicht herrlich, wieder daheim zu sein und im eigenen Bett zu liegen?

Das Licht des Mondes, der über dem Wald stand, sickerte

zwischen den dürren Ästen und Zweigen des Reisighaufens hernieder und schimmerte durch das Stubenfenster herein. Es war nur ein Hauch von Mondlicht, aber für einen Hutzelmann reichte das völlig aus.

Er konnte den Ofen erkennen, den Tisch und die Stühle, das Wandbrett, den Schrank und die Kleidertruhe. Eigentlich war in der Stube alles wie sonst – und doch gab es einen großen Unterschied! Drüben, im Winkel neben dem Ofen, lag Zwottel auf seinem Lager aus Waldgras und Hörbe konnte ihn atmen hören.

Der Hutzelmann lauschte auf Zwottels Atemzüge, er dachte: »Es ist also wirklich wahr, dass ich nicht mehr allein bin in meinem Haus!« Und er versuchte sich auszumalen, wie schön und lustig es sein würde, wenn sie ihr Leben von jetzt an gemeinsam führten, Zwottel und er.

Darüber muss dann auch Hörbe eingeschlafen sein, aber nicht für lange. Denn plötzlich wurde er mitten im ersten Schlummer von einem grässlichen Ächzen und Krächzen geweckt und es fehlte nicht viel, da wäre er aus dem Bett gefallen vor Schreck.

Hörbe sprang aus den Federn, er machte Licht an und leuchtete in den Ofenwinkel. Zwottel, der Zottelschratz aus den Worlitzer Wäldern, lag auf dem Rücken und schnarchte aus voller Lunge. Er schnarchte so laut, dass die hölzernen Wände wackelten.

»Aufhören, Zwottel! Gleich fällt das Haus über uns zusammen!«

Der Zottelschratz ließ sich nicht stören, er schnarchte weiter. Hörbe zog ihm die Decke weg und versuchte ihn wachzurütteln.

»Aufhören, Zwottel, aufhören! Willst du nicht – oder kannst du nicht?!«

Alles umsonst! Der Hutzelmann wusste sich keinen anderen Rat mehr: Er packte den Freund bei der Nase und drückte sie zu. Das wirkte sofort! Dem Zottelschratz blieb die Luft weg, er tat einen tiefen Schnaufer und schlug die Augen auf.

»Ist was?«, fragte er japsend.

»Das kann man wohl sagen, mein Lieber! Du schnarchst ja, als ob du den Siebengiebelwald kurz und klein schnarchen wolltest!«

»Ich?«, fragte Zwottel. »Und schnarchen? Dass ich nicht lache, Hutzelmann! Unsereins schnürcht nicht, unsereins schnarcht nicht: unsereins schnü-schna-schnurcht – das ist ganz was anderes!«

»Wem erzählst du das, Zwottel? Es kann einem angst und bange werden dabei!«

»Ach so …?« Der Zottelschratz ließ die Schultern hängen. »Wenn unsereins einen vollen Bauch hat, schläft unsereins ziemlich laut, verstehst du. Dagegen lässt sich nun mal nix machen.«

Er kratzte sich hinter den Ohren, dann fügte er achselzuckend hinzu: »Es wird wohl das Beste sein, wenn ich mich draußen nach einem Schlafplatz umsehe …«

»Aber warum denn?«

»Ich fürchte, sonst kriegst du hier drin kein Auge zu – für den Rest der Nacht.«

»Lassen wir's darauf ankommen!«

Hörbe lachte und zog sich den großen Hut über beide Ohren herunter.

»Ich warne dich!«, brummte Zwottel. »Wenn du heut Nacht nicht schlafen kannst, bist du selber schuld!«

»Wie?«, fragte Hörbe.

»Ich sage dir: Wenn du heut Nacht nicht schlafen kannst, bist du selber schuld!«

»Was?«, fragte Hörbe.

»Du hörst wohl schlecht, wie?« Der Zottelschratz holte tief Luft, dann schrie er, so laut er konnte: »Wenn du heut Nacht nicht schlafen kannst, bist du selber schuld daran!!!«

»Tut mir leid.« Der Hutzelmann deutete auf den großen Hut. »Ich hab dichtgemacht, Zwottel. Nun schnü-schnaschnurche von mir aus, so viel du magst – mich kriegst du nicht wach damit!«

Damit blies er das Licht aus und ließ sich aufs Bett fallen. Wenige Augenblicke danach war er wieder eingeschlafen – und diesmal endgültig.

Manfred Schlüter

Kein Mensch hat was gemerkt

Da gibt es einen Fluss, eine alte Eiche und einen Schornstein. Und zwei Dörfer. Süderkarken liegt auf der einen Seite des Flusses und Norderkarken auf der anderen.

Das Wetterhuhn von Süderkarken hockt Tag für Tag auf der Kirchturmspitze und zeigt den Menschen, woher der Wind weht.

Und wahrscheinlich säße es immer noch dort oben, wenn er nicht gewesen wäre: der Wetterhahn von Norderkarken. Er ist der schönste Wetterhahn weit und breit und hätte von der Geschichte gar nichts mitbekommen, wenn nicht DIE STARKEN DREI gewesen wären.

DIE STARKEN DREI, das sind Ratz, Katz und Eule. Sie leben unten am Fluss, dort, wo die alte Eiche ihre Äste in den Himmel streckt. Und genau dort beginnt die Geschichte.

Es ist Abend. Ein kühler Wind weht vom Meer herüber. Die Blätter der alten Eiche flüstern miteinander. Und unter dem Blätterdach hocken Ratz, Katz und Eule.

Sie träumen von früher.

Da schipperte Ratz als Schiffsratte rund um die Welt. Katz hatte die schärfsten Krallen von ganz Süderkarken und konnte klettern wie keine. Und Eule segelte stundenlang durch die Luft, ohne einen Flügel zu bewegen. Ja, das waren Zeiten! Und heute? Heute ist ein Tag wie der andere. Nichts passiert.

Oder doch?

»Hilfe!«, schallt es plötzlich von irgendwoher. »Hiiilfe!«

Ratz, Katz und Eule springen auf.

»Schätze, das kam von dort!«, ruft Ratz und verschluckt sich fast an seinem Schiffszwieback.

»Dann schon eher von dort!« Eule schnappt aufgeregt nach Luft.

»Augenblick mal«, sagt Katz und späht durch das Fernrohr. Ihr Blick wandert rundum und bleibt am Kirchturm von Süderkarken hängen.

Erzähl schon, Katz, was ist los?

»Das gibt's doch nicht«, murmelt Katz, »das Wetterhuhn ist weg. Futschikato, einfach weg!«

»Ach, du dickes Ei«, sagt Ratz, »vielleicht hat das Wetterhuhn um Hilfe geschrien.«

»Also los, Leute!«, ruft Eule und plustert sich auf. »Wir müssen es suchen!«

Ratz, Katz und Eule suchen überall. Sie spähen in die Häuser, durchforsten die Gärten, sie suchen unten am Fluss und schauen zum Himmel hinauf. Nichts!

He, ihr STARKEN DREI, spitzt doch mal die Ohren!

»Pssst«, zischt Ratz.

»Da hinten rumort was«, flüstert Eule.

»Doch nicht etwa im Schornstein …?!« Katz springt auf und ist schon in der Dunkelheit verschwunden.

»Nun aber mit Karacho!«, ruft Ratz und klammert sich an Eule fest.

Und dann rauschen sie hinterher, dem Schornstein entgegen. »Hier kommen DIE STARKEN DREI!«, schreit Ratz in die Tiefe.

»Bloß keine Angst!«, ruft Katz hinterher und Eule sagt würdevoll: »Wir retten dich!«

Dann lassen Ratz, Katz und Eule ein langes Seil hinab. »Festhalten!«, rufen sie im Chor und ziehen und zerren und schwitzen … Endlich ist es geschafft.

»Danke«, sagt das Wetterhuhn leise. Es sieht zerzaust und schmutzig aus und ist ziemlich erschöpft.

»Komm doch mit in unsere Baumhöhle«, schlägt Eule vor.

»Da kannste dich erholen«, meint Ratz.

»Und dann sehen wir weiter«, sagt Katz.

Das Wetterhuhn nickt. Einverstanden!

»Sag mal, was wolltest du eigentlich in dem Schornstein?«, fragen Ratz, Katz und Eule unterwegs.

»Nichts, gar nichts«, stammelt das Wetterhuhn, »ich wollte fliegen. Bei Nacht natürlich, damit kein Mensch was merkt. Aber ihr wisst ja: Hühner können nicht so gut fliegen. Der Wind riss mich mit sich fort und dann bin ich abgestürzt!«

»Wohin wolltest du denn fliegen?«, fragt Katz neugierig.

»Zum Wetterhahn von Norderkarken«, schnieft das Wetterhuhn und wird ein bisschen rot.

»Hast dich wohl in ihn verguckt!«, fiept Ratz.

Das Wetterhuhn wird noch röter.

Und Eule kichert. »Ist ja auch ’n schmucker Hahn!«
Ratz, Katz und Eule schmunzeln. Sie würden dem Wetterhuhn ja gern helfen … Aber wie?
He, ihr STARKEN DREI, denkt doch mal nach!
»Ich hab’s, Leute!«, ruft Eule schließlich und strahlt das Wetterhuhn an. »Erst schläfst du dich gesund. Und dann zeig ich dir, wie man richtig fliegt.«
»Ich bring dir – ruck, zuck – das Klettern bei«, sagt Katz und kratzt sich.
Ratz rudert mit den Armen in der Luft herum. »Ich verrate dir noch zwei, drei Seefahrertricks … Und dann, so in vier Tagen, machste dich auf den Weg!«
»Aber bei Tag muss ich auf meinem Kirchturm sitzen«, sagt das Wetterhuhn besorgt, »die Menschen wollen doch wissen, woher der Wind weht.«
»Ach, die Menschen … die merken schon nichts«, versprechen Ratz, Katz und Eule, »dafür werden wir sorgen.«
Am nächsten Tag zeigt Ratz dem Wetterhuhn, wie man ein Floß bei stürmischer See steuert. Und auf der Kirchturmspitze dreht sich eine Wetterkatze im Wind. »Nix passiert«, meint Katz am Abend, »kein Mensch hat was gemerkt.«
»Dann lerne ich morgen klettern«, sagt das Wetterhuhn.
Am zweiten Tag zeigt Katz dem Wetterhuhn, wie man Bäume bezwingt, kopfüber, kopfunter. Und auf der Kirchturmspitze dreht sich eine Wettereule im Wind. »Kein Problem«, meint Eule am Abend, »kein Mensch hat was gemerkt.«
»Dann lerne ich morgen fliegen«, sagt das Wetterhuhn.
Am dritten Tag will Eule dem Wetterhuhn das Fliegen beibringen. Doch immer wieder kommt es ins Trudeln und stürzt

ab. Und auf der Kirchturmspitze dreht sich eine Wetterratte im Wind. »Alles klar«, meint Ratz am Abend, »kein Mensch hat was gemerkt.«

»Wenn das so ist«, sagt das Wetterhuhn und holt tief Luft, »dann breche ich morgen auf. Es geht auch ohne fliegen. Und ohne Wetterhühner scheinbar auch.«

Als am nächsten Tag die Morgensonne durch den Nebel bricht, schiebt das Wetterhuhn sein kleines Floß ins Wasser.

»Habt tausend Dank!«, sagt es und klettert an Bord.

»Dann man Leinen los!«, kommandiert Ratz.

»Pass gut auf dich auf!«, ruft Katz.

»Und vergiss uns ja nicht!«, droht Eule.

Dann winken sie und winken.

Das Wetterhuhn wird kleiner und kleiner und ist bald nicht mehr zu sehen. Ratz, Katz und Eule aber winken immer noch.

He, ihr STARKEN DREI, ihr habt doch ein Fernrohr!

Abwechselnd spähen Ratz, Katz und Eule durch das Glas. Und als das Wetterhuhn endlich den Kirchturm von Norderkarken erklommen hat, sind sie traurig … und stolz.

»Das ha'm wir geschafft!«, sagt Ratz.

»War 'ne schöne Zeit«, murmelt Katz.

»Verdammt schön«, schwärmt Eule, »fast wie früher.«

Dann sagt niemand mehr ein Wort. Selbst die Blätter der alten Eiche flüstern nicht miteinander. Die Zeit vergeht, und nichts ist wie vorher … Aber dann, nach Stunden, taucht am Horizont wieder das kleine Floß auf.

»Ahoi!«, ruft das Wetterhuhn schon von weitem.

Ratz, Katz und Eule trauen ihren Augen nicht. »Da biste ja schon wieder!«, ruft Ratz.

»Was ist denn passiert?«, fragt Katz.

»Na los, erzähl schon!«, drängt Eule.

»Ach, dieser blöde Gockel!«, gackert das Wetterhuhn und hüpft an Land. »Der hat mich kaum beachtet. Der hatte nur Angst, ich könnte vielleicht sein Gefieder beschmutzen oder seine Schwanzfedern verbiegen, und vom Kirchturm wollte er auch nicht runter.«

Ratz spuckt aus. »Den kannste vergessen.«

»Bleib doch bei uns!«, sagt Katz.

Eule flattert auf und ab. »Du musst sowieso noch richtig fliegen lernen!«

Alle drei strahlen das Wetterhuhn erwartungsvoll an. Na, was ist?

»Abgemacht«, sagt das Wetterhuhn und seine Augen blitzen, »ab heute sind wir DIE STARKEN VIER!«

Da schiebt der Mond oben am Himmel die Wolken beiseite. Tausend Sterne tanzen. Und unten am Fluss tanzen Ratz, Katz und Eule und das Wetterhuhn.

»Heute wird gefeiert!«, ruft Eule.

»Bis die alte Eiche wackelt!«, schwören Ratz und Katz.

»Und alles andere machen wir morgen!«, kräht das Wetterhuhn.

Und dann singen sie und tanzen und lachen und lachen und tanzen und singen, bis ihnen spät in der Nacht der Schlaf die Augen schließt.

Hortense Ullrich

Herr Schnäufel sucht einen Freund

Herr Schnäufel hat hageldünne Beine. Aber die sieht man nicht, denn er trägt stets einen langen Mantel.

Herr Schnäufel hat drei rosa Haare auf dem Kopf, aber die sieht man auch nicht, denn er trägt stets eine Mütze.

Und Herr Schnäufel hat einen Flugschal. Den sieht man aber, denn den hat er immer um den Hals gebunden.

Ein Flugschal ist genau das, wonach es klingt: ein Schal zum Fliegen. Wenn man diesen Schal trägt, kann man fliegen. Egal, ob man Flügel hat oder nicht. Herr Schnäufel ist sehr stolz darauf, dass er fliegen kann. Und jemand, der fliegen kann, sollte doch eigentlich sehr froh sein, denkt man. Aber Herr Schnäufel war nicht froh.

Ganz und gar nicht.

Im Gegenteil, Herr Schnäufel war schlecht gelaunt.

»Alle haben einen Freund. Nur ich nicht«, schimpfte er, »das ist nicht fair.«

Dass Herr Schnäufel keinen Freund hatte, war nicht seine Schuld.

Sein Baum war daran schuld.

Herr Schnäufel wohnte nämlich in einem der seltenen Wanderbäume. Mal auf der Wiese, mal im Wald. Je nachdem. Je nachdem, wo der Baum gerade hinwanderte. Denn der Baum war ein sehr eigenwilliger Baum. Er lief in der Gegend umher. Nur so. Weil er es eben konnte.

Deshalb hatte Herr Schnäufel keinen Freund. Denn wer ständig umzieht, dem bleibt kaum Zeit, mit jemandem Freund zu werden.

Herr Schnäufel fand das gar nicht gut. Aber was sollte er tun?

Nachdenken und eine Idee haben.

Herr Schnäufel dachte nach. Er dachte und dachte und dann kam die Idee: Er würde die Dachwohnung seines Wanderbaumes vermieten. Er würde einen Untermieter suchen. Genau genommen würde es ein Übermieter sein. Weil er ja über Herrn Schnäufel wohnen sollte. Dann hätte Herr Schnäufel einen Freund für immer.

Viele kamen und wollten Herrn Schnäufels Untermieter sein.

Aber Herr Schnäufel schüttelte immer nur den Kopf. Nein. Nicht der Richtige.

Herr Schnäufel suchte einen ganz bestimmten Freund. Er wollte einen Freund, der fliegen kann.

Aber es kam niemand, der fliegen konnte.

Herr Schnäufel war sehr enttäuscht. Seine schöne gute Idee! Alles umsonst! Traurig legte er sich ins Bett.

Als er am nächsten Morgen aus seinem Wanderbaum hinausging, rannte er gegen eine dicke Eiche, die am Abend zuvor noch nicht dort gestanden hatte.

»Autsch«, rief er ärgerlich und hielt sich seine Schnäufelnase.

Aber als er sah, wohin sein Wanderbaum über Nacht gewandert war, schlug sein Herz höher: Er stand mitten zwischen den Bäumen einer Rabenkolonie!

Einen Raben als Freund! Ja, das wäre perfekt! Denn Raben können fliegen.

Etwas abseits, ganz alleine für sich saß ein kleiner Rabe und las in einem Buch.

»Der sieht nett aus«, dachte Herr Schnäufel und lief zu ihm.

»Guten Tag, mein Name ist Schnäufel und ich bin ein Schnäufel.«

»Guten Tag, mein Name ist Rabe und ich bin ein Schnabel«, stotterte der Rabe überrascht. »Ähm, nein, äh, Entschuldigung, ich meine natürlich: Mein Name ist Schnabel, ich bin ein Rabe.«

»Wenn du ein Rabe bist, werde ich dich auch Rabe nennen«, sagte Herr Schnäufel.

»Geht klar«, nickte der Rabe.

»Ich kann fliegen«, prahlte Herr Schnäufel.

»Ich kann lesen«, krächzte der Rabe.

»Das macht nichts«, meinte Herr Schnäufel, »möchtest du mein Untermieter sein?«

»Was kostet das?«, wollte der Rabe wissen.

»Nichts. Aber es wäre toll, wenn du mein Freund werden würdest.«

»Kann ich machen. Rein zufällig habe ich nämlich gerade keinen Freund. Wo ist die Wohnung?«, fragte der Rabe.

Herr Schnäufel deutete auf die Spitze des Wanderbaums. »Da oben.«

»Oje«, sagte der Rabe erschrocken. »Ich dachte, die Wohnung wäre unten. Du hast doch gesagt, du suchst einen Untermieter.«

»Oben ist die Aussicht besser«, rief Herr Schnäufel fröhlich.

Der Rabe wurde etwas verlegen und meinte: »Es gibt da ein Problem ...«

»Ach was«, winkte Herr Schnäufel da ab, »jemand, der fliegen kann, hat keine Probleme. Ich möchte nämlich meinen Wanderbaum nicht mit jemandem teilen, der nicht fliegen kann.«

Da schluckte der Rabe und hielt den Schnabel.

Herr Schnäufel und der Rabe verstanden sich prächtig. Sie hatten vieles gemeinsam: Beide mochten keine Würmer und Käfer zum Tee, sondern lieber Schokoladen-Kekse. Sie sangen gerne laute Lieder und vergaßen immer wieder, dass man sich die Zähne putzen muss, bevor man schlafen geht. Sie waren der Meinung, dass Monster unters Bett gehören und man Hexen nicht küssen sollte. Und beide liebten Himbeereis mit Mayonnaise. Sie waren richtig froh, dass sie so gute Freunde geworden waren.

Damit sich der Rabe auch ja bei ihm wohlfühlen würde, ließ Herr Schnäufel den Raben bestimmen, was sie so den lieben langen Tag tun.

Am liebsten setzte sich der Rabe hin und las.

Stundenlang.

Das war ja mauselangweilig, fand Herr Schnäufel. Wenn der Rabe wenigstens laut vorgelesen hätte ... aber so! So konnte es nicht weitergehen.

»Heute machen wir einen Ausflug«, rief Herr Schnäufel deshalb.

»Oh ja, ich ziehe nur noch schnell meine Wanderschuhe an«, freute sich der Rabe.

»Aber wozu denn, wir fliegen doch!«

»Das wusste ich nicht«, sagte der Rabe enttäuscht.

»Aber ich habe doch Ausflug gesagt und nicht Auslauf.«

»Dann lieber nicht«, krächzte der Rabe.

»Oh, doch! Heute bin ich mal dran. Ich darf bestimmen, was wir machen. Und ich bestimme, dass wir fliegen. Wenn du mein Freund sein willst, musst du auch mit mir fliegen«, rief Herr Schnäufel ganz aufgebracht, »ich hab ja bisher auch alles gemacht, was du wolltest.«

»Na gut«, gab der Rabe schnell nach, denn er wollte Herrn Schnäufel auf keinen Fall als Freund verlieren. »Aber bitte flieg nicht so schnell. Und nicht so hoch!«

Herr Schnäufel nickte und flog los. Immer ganz knapp über den Bäumen entlang und ziemlich langsam.

Der Rabe hüpfte hinterher. Erst einen Baum hoch und dann von Ast zu Ast, und von Baum zu Baum, immer hinter Herrn Schnäufel her. Und wenn Herr Schnäufel sich mal nach dem Raben umguckte, flatterte der Rabe schnell mit seinen Flügeln.

Als die beiden von ihrem Ausflug zurückkamen, war der Rabe ziemlich erschöpft und Herr Schnäufel ziemlich sauer: »Du bist nicht geflogen, du bist nur gehüpft. Das hab ich genau gesehen. Hüpfen gilt nicht, das ist unfair. Nie machst du, was ich will. So einen Freund brauche ich nicht!«

Der Rabe krächzte: »Ich kann ja wieder ausziehen.«

Herr Schnäufel sagte nichts. Da zog der Rabe aus.

Jetzt war Herr Schnäufel wieder alleine und er fühlte sich einsam. Er vermisste den Raben. Obwohl der Rabe nie mit ihm geflogen war, war es doch schön gewesen, ihn als Freund zu haben.

Aber bitte, wenn der Rabe nicht mehr sein Freund sein wollte, dann würde sich Herr Schnäufel eben einen neuen Freund suchen.

Aber er fand niemanden, der ihm so gut gefiel wie sein alter Freund Rabe.

Herr Schnäufel wurde immer trauriger.

Noch trauriger als vorher, als er noch gar keinen Freund hatte.

Eines Nachts wanderte Herr Schnäufels Wanderbaum wieder zur Rabenkolonie.

Herr Schnäufel war mächtig froh, als er das sah. Dann aber wurde er trotzig und meinte, er würde nie und nimmer den Anfang machen, der Rabe solle sich bei ihm entschuldigen.

Aber der Rabe kam nicht. Er kam ganz lange nicht. So lange, dass Herr Schnäufel ganz ungeduldig wurde und dann doch selbst zu den anderen Raben ging und nach seinem Freund fragte.

Leider wusste keiner, wo der kleine Rabe war.

»Traurige Sache, mit dem kleinen Raben«, krächzten die Raben.

»Ja, ich vermisse ihn auch«, gab Herr Schnäufel zu.

»Nein, dass er nicht fliegen kann.«

»Er kann nicht fliegen?«, fragte Herr Schnäufel ungläubig. »Aber er ist doch ein Rabe. Alle Raben können fliegen.«

Die Raben zuckten die Flügel: »Er nicht. Deshalb lachen ja alle über ihn und keiner will sein Freund sein.«

»Aber er kann lesen!«, verteidigte Herr Schnäufel den Raben.

»Na und?«, krächzten die Raben. »Fliegen können ist viel wichtiger.«

»Seid ihr da ganz sicher?«, fragte Herr Schnäufel zweifelnd.

»Klar«, krächzten die Raben und flogen davon.

Herr Schnäufel machte ein nachdenkliches Gesicht. Er hatte ein ganz schlechtes Gewissen, weil er ja immer gesagt hatte, dass er nur jemanden zum Freund haben will, der fliegen kann. Das musste den Raben ziemlich traurig gemacht haben. Vielleicht ist fliegen können doch nicht so wichtig, wie er immer geglaubt hatte. Schließlich waren sie ja mal richtig gute Freunde gewesen, obwohl der Rabe nicht fliegen kann.

Herr Schnäufel machte sich schleunigst auf den Weg seinen Freund zu suchen. Nun war es noch wichtiger, den Raben zu finden, weil sich Herr Schnäufel dringend beim Raben entschuldigen wollte.

Herr Schnäufel suchte und suchte.

Aber kein Rabe.

Und langsam wurde es dunkel.

Eine dicke Träne rollte an Herrn Schnäufels Schnäufel entlang und dann sah er ihn. Ganz traurig und alleine saß sein Freund der Rabe da. Er war so traurig, dass er noch nicht einmal las. Und dauernd musste er sich schnäuzen.

»Es tut mir so leid«, rief Herr Schnäufel dem Raben schon von weitem zu.

Der Rabe sprang auf und lief Herrn Schnäufel entgegen. Und sie umarmten sich und mussten abwechselnd lachen und weinen. Aber geweint haben sie nur vor lauter Freude.

»Mir tut es auch leid«, krächzte der Rabe, »ich hätte dir die Wahrheit sagen sollen. Aber ich hatte Angst, dass ich dann nicht bei dir wohnen darf. Tut mir leid, dass ich nicht fliegen kann.«

Herr Schnäufel schämte sich. Dann sagte er: »Macht doch nix! Dafür kannst du lesen.«

Der Rabe zog wieder zu Herrn Schnäufel in den Wanderbaum.

Herr Schnäufel baute für den Raben extra eine Wendeltreppe, damit der Rabe bequem in seine Wohnung hüpfen konnte.

Jeden Tag machte der Rabe mit Herrn Schnäufel einen Ausflug. Jawohl, sie flogen zusammen, denn Herr Schnäufel teilte nun seinen Flugschal mit seinem Freund.

Und wenn sie abends müde vom Fliegen zurückkamen, las der Rabe Herrn Schnäufel immer noch eine Gutenachtgeschichte vor. Und Herr Schnäufel war sehr froh, dass er jetzt einen Freund für immer hatte.

Ursula Wölfel

Dunkles Zimmer

Das Kind wacht auf. Es ist dunkel im Zimmer. Das Kind kann gar nichts sehen.

Den Stuhl kann es nicht sehen, den Tisch kann es nicht sehen, den Schrank kann es nicht sehen und die Spielsachen und das Bild von dem Hund, nichts kann es sehen.

Das Zimmer ist wie ein anderes Zimmer.

Das Kind hat Angst. Es ruft: »Mama! Papa!«

Da kommt der Vater. Er knipst das Licht an und das Kind sieht alle Sachen: Den Tisch, den Stuhl, den Schrank und alle Spielsachen und das Bild von dem Hund und den Vater sieht es.

Der Vater deckt das Kind gut zu, er knipst das Licht wieder aus, aber die Tür lässt er offen, nur ein bisschen, damit das Kind das Zimmer sieht, wenn es wieder einmal aufwacht.

Ludwig Aurbacher

Der Schneider im Mond

Ein Schneider, der in die andere Welt wanderte, verirrte sich in den Mond. Ein solcher Mann war dem Mond willkommen. »Es friert mich immer so sehr«, sagte der Mond, »zumal in den kalten Winternächten; und da tät mir denn ein warmes Röcklein gar wohl.«

Der Schneider mochte wollen oder nicht, er musste bleiben, und er nahm sogleich das Maß an dem Mond. Der hatte aber einen gar großen Buckel und einen dünnen, dünnen Bauch, und er sah schier aus wie ein Schneider, wenn er auf dem Bock sitzt.

Der Rock ward indessen bald fertig und er stand dem Mond aufs Allernetteste, trotz seiner Missgestalt.

Aber siehe da!, nun schwoll der Kunde von Tag zu Tag und sein Bauch wurde immer dicker und der Rock immer enger. Da hatte denn der Schneider vollauf zu tun, um nachzuhelfen, aufzutrennen und dranzusetzen.

Zuletzt wurde der Mond ganz dick und fett und kugelrund und der Schneider konnte kaum so viel Tuch auftreiben und so viel Zeit, um die Arbeit zu fertigen für Nacht auf Nacht.

Nun endlich glaubte aber der Schneider, er werde Ruhe haben und Urlaub bekommen. Aber was geschieht? Jetzt fing der Mond an ordentlich einzuschrumpfen von Tag zu Tag, sodass ihm das Kleid immer weiter wurde und an seinem Leibe schlotterte.

Ja, was noch schlimmer war, er schwand jetzt, wie ein rechter Wechselbalg, am Rücken, während er vorn den Wanst behielt, und er sah zuletzt aus wie ein Gaukler, der sich rückwärts auf den Boden niederlässt.

Da gab's denn für den armen Schneider fort und fort Arbeit; immer musste er wieder nachhelfen und auftrennen und davon nehmen, bis dass es recht war.

Endlich, nach drei Wochen, bekam er Ruhe; denn der Mond legte sich jetzt schlafen und ließ sich mehrere Tage nicht mehr sehen.

Unser Schneider aber, welcher der vielen und langen Arbeit satt geworden, verließ insgeheim den Mond und setzte seine Wanderung fort. Ob er aber zuletzt in den Himmel gekommen, das weiß man nicht.

Theodor Storm

Der kleine Häwelmann

Es war einmal ein kleiner Junge, der hieß Häwelmann. Des Nachts schlief er in einem Rollenbett und auch des Nachmittags, wenn er müde war; wenn er aber nicht müde war, so musste seine Mutter ihn darin in der Stube umherfahren, und davon konnte er nie genug bekommen.

Nun lag der kleine Häwelmann eines Nachts in seinem Rollenbett und konnte nicht einschlafen; die Mutter aber schlief schon lange neben ihm in ihrem großen Himmelbett. »Mutter«, rief der kleine Häwelmann, »ich will fahren!« Und die Mutter langte im Schlaf mit dem Arm aus dem Bett und rollte die kleine Bettstelle hin und her, und wenn ihr der Arm müde werden wollte, so rief der kleine Häwelmann: »Mehr, mehr!«, und dann ging das Rollen wieder von vorne an. Endlich aber schlief sie gänzlich ein; und so viel Häwelmann auch schreien mochte, sie hörte es nicht; es war rein vorbei.

Da dauerte es nicht lange, so sah der Mond in die Fensterscheiben, der gute alte Mond, und was er da sah, war so possierlich, dass er sich erst mit seinem Pelzärmel über das Gesicht fuhr, um sich die Augen auszuwischen; so etwas hatte der alte Mond all sein Lebtag nicht gesehen. Da lag der kleine

Häwelmann mit offenen Augen in seinem Rollenbett und hielt das eine Beinchen wie einen Mastbaum in die Höhe. Sein kleines Hemd hatte er ausgezogen und hing es wie ein Segel an seiner kleinen Zehe auf; dann nahm er ein Hemdzipfelchen in jede Hand und fing mit beiden Backen an zu blasen. Und allmählich, leise, leise, fing es an zu rollen, über den Fußboden, dann die Wand hinauf, dann kopfüber die Decke entlang und dann die andere Wand wieder hinunter. »Mehr, mehr!«, schrie Häwelmann, als er wieder auf dem Boden war; und dann blies er wieder seine Backen auf, und dann ging es wieder kopfüber und kopfunter. Es war ein großes Glück für den kleinen Häwelmann, dass es gerade Nacht war und die Erde auf dem Kopf stand; sonst hätte er sich doch gar zu leicht den Hals brechen können.

Als er drei Mal die Reise gemacht hatte, guckte der Mond ihm plötzlich ins Gesicht. »Junge«, sagte er, »hast du noch nicht genug?«

»Nein«, schrie Häwelmann, »mehr, mehr! Mach mir die Tür auf! Ich will durch die Stadt fahren; alle Menschen sollen mich fahren sehen.«

»Das kann ich nicht«, sagte der gute Mond; aber er ließ einen langen Strahl durch das Schlüsselloch fallen; und darauf fuhr der kleine Häwelmann zum Haus hinaus.

Auf der Straße war es ganz still und einsam. Die hohen Häuser standen im hellen Mondschein und glotzten mit ihren schwarzen Fenstern recht dumm in die Stadt hinaus; aber die Menschen waren nirgends zu sehen. Es rasselte recht, als der kleine Häwelmann in seinem Rollenbette über das Straßenpflaster fuhr; und der gute Mond ging immer neben ihm und leuchtete. So fuhren sie Straßen aus, Straßen ein; aber die Menschen waren nirgends zu sehen. Als sie bei der Kirche vorbeikamen, da krähte auf einmal der große goldene Hahn auf dem Glockenturm. Sie hielten still. »Was machst du da?«, rief der kleine Häwelmann hinauf.

»Ich krähe zum ersten Mal!«, rief der goldene Hahn herunter.

»Wo sind denn die Menschen?«, rief der kleine Häwelmann hinauf.

»Die schlafen«, rief der goldene Hahn herunter, »wenn ich zum dritten Mal krähe, dann wacht der erste Mensch auf.«

»Das dauert mir zu lange«, sagte Häwelmann, »ich will in den Wald fahren, alle Tiere sollen mich fahren sehen!«

»Junge«, sagte der gute alte Mond, »hast du noch nicht genug?«

»Nein«, schrie Häwelmann, »mehr, mehr! Leuchte, alter Mond, leuchte!« Und damit blies er die Backen auf und der gute alte Mond leuchtete, und so fuhren sie zum Stadttor hinaus und übers Feld und in den dunkeln Wald hinein. Der gute Mond hatte große Mühe, zwischen den vielen Bäumen durchzukommen; mitunter war er ein ganzes Stück zurück, aber er holte den kleinen Häwelmann doch immer wieder ein.

Im Walde war es still und einsam; die Tiere waren nicht zu sehen; weder die Hirsche noch die Hasen, auch nicht die kleinen Mäuse. So fuhren sie immer weiter, durch Tannen- und Buchenwälder, bergauf und bergab. Der gute Mond ging nebenher und leuchtete in alle Büsche; aber die Tiere waren nicht zu sehen; nur eine kleine Katze saß oben in einem Eichbaum und funkelte mit den Augen. Da hielten sie still. »Das

ist der kleine Hinze!«, sagte Häwelmann, »ich kenne ihn wohl; er will die Sterne nachmachen.« Und als sie weiterfuhren, sprang die kleine Katze mit von Baum zu Baum. »Was machst du da?«, rief der kleine Häwelmann hinauf.

»Ich illuminiere!«, rief die kleine Katze herunter.

»Wo sind denn die andern Tiere?«, rief der kleine Häwelmann hinauf.

»Die schlafen!«, rief die kleine Katze herunter und sprang wieder einen Baum weiter, »horch nur, wie sie schnarchen!«

»Junge«, sagte der gute alte Mond, »hast du noch nicht genug?«

»Nein«, schrie Häwelmann, »mehr, mehr! Leuchte, alter Mond, leuchte!«, und dann blies er die Backen auf und der gute alte Mond leuchtete; und so fuhren sie zum Walde hinaus und dann über die Heide bis ans Ende der Welt und dann gerade in den Himmel hinein.

Hier war es lustig; alle Sterne waren wach und hatten die Augen auf und funkelten, dass der ganze Himmel blitzte. »Platz da!«, schrie Häwelmann und fuhr in den hellen Haufen hinein, dass die Sterne links und rechts vor Angst vom Himmel fielen.

»Junge«, sagte der gute alte Mond, »hast du noch nicht genug?«

»Nein!«, schrie der kleine Häwelmann, »mehr, mehr!«, und – hast du nicht gesehen! – fuhr er dem alten guten Mond quer über die Nase, dass er ganz dunkelbraun im Gesicht wurde. »Pfui!«, sagte der Mond und nieste drei Mal, »alles mit Maßen!«, und damit putzte er seine Laterne aus und alle Sterne machten die Augen zu. Da wurde es im ganzen Himmel auf

einmal so dunkel, dass man es ordentlich mit Händen greifen konnte. »Leuchte, alter Mond, leuchte«, schrie Häwelmann, aber der Mond war nirgends zu sehen und auch die Sterne nicht; sie waren schon alle zu Bett gegangen. Da fürchtete der kleine Häwelmann sich sehr, weil er so allein im Himmel war. Er nahm seine Hemdzipfelchen in die Hände und blies die Backen auf; aber er wusste weder aus noch ein, er fuhr kreuz und quer, hin und her und niemand sah ihn fahren, weder die Menschen noch die Tiere noch auch die lieben Sterne. Da guckte endlich unten, ganz unten am Himmelsrande ein rotes rundes Gesicht zu ihm herauf und der kleine Häwelmann meinte, der Mond sei wieder aufgegangen. »Leuchte, alter Mond, leuchte!«, rief er, und dann blies er wieder die Backen auf und fuhr quer durch den ganzen Himmel und gerade darauf los. Es war aber die Sonne, die gerade aus dem Meere heraufkam. »Junge«, rief sie und sah ihm mit ihren glühenden Augen ins Gesicht, »was machst du hier in meinem Himmel?« Und – eins, zwei, drei! – nahm sie den kleinen Häwelmann und warf ihn mitten in das große Wasser. Da konnte er schwimmen lernen.

Und dann?

Ja, und dann? Weißt du nicht mehr? Wenn ich und du nicht gekommen wären und den kleinen Häwelmann in unser Boot genommen hätten, so hätte er doch leicht ertrinken können!

Weißt du, wie viel Sternlein stehen?

Lieder zum Mitsingen und Einschlafen

La-le-lu

Text und Melodie: Heino Gaze (1908–1967)

G D G Em
Haus, sucht aus sei - nen Träu - men dir den schöns - ten
D G
aus. La - le - lu, nur der Mann im
D G
Mond schaut zu, wenn die klei - nen Ba - bys
C G D G (Schluss) C
schla - fen, drum schlaf auch du! Sind al - le die
G C G B♮7
Ster - ne am Him - mel er - wacht, dann
Em A D
sing ich so ger - ne ein Lied dir zur Nacht.
(von vorne bis Schluss)

La-le-lu, nur der Mann im Mond schaut zu,
wenn die kleinen Babys schlafen,
drum schlaf auch du!
La-le-lu, vor dem Bettchen stehn zwei Schuh
und die sind genauso müde,
gehn jetzt zur Ruh.
Dann kommt auch der Sandmann,
leis tritt er ins Haus,
sucht aus seinen Träumen dir den schönsten aus.
La-le-lu, nur der Mann im Mond schaut zu,
wenn die kleinen Babys schlafen,
drum schlaf auch du!
Sind alle die Sterne am Himmel erwacht,
dann sing ich so gerne ein Lied dir zur Nacht.

Schlaf, mein kleines Mäuschen

Text und Melodie: Hessen, 20. Jahrhundert

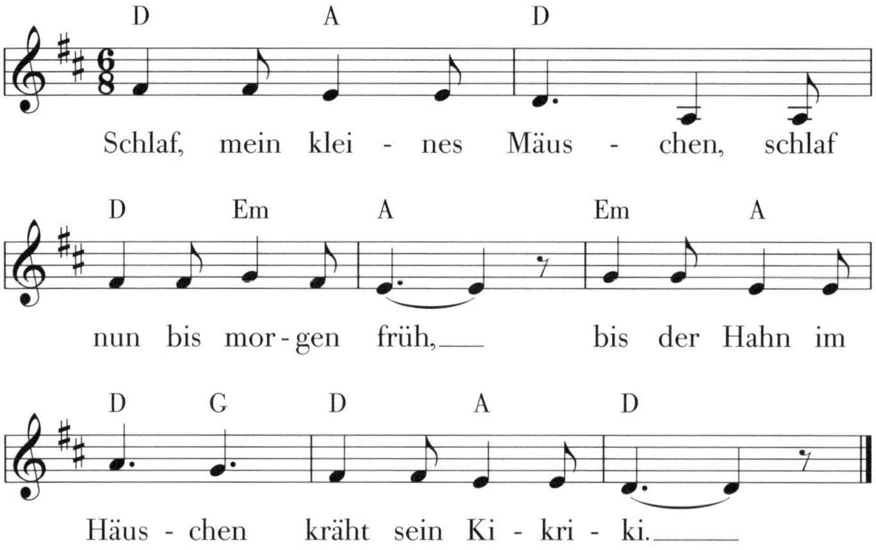

Schlaf, mein kleines Mäuschen,
schlaf nun bis morgen früh,
bis der Hahn im Häuschen
kräht sein Kikriki.

Weißt du, wie viel Sternlein stehen

Text: Wilhelm Hey (1789–1854)

Melodie: volkstümlich, 19. Jahrhundert

1. Weißt du, wie viel Sternlein stehen
an dem blauen Himmelszelt?
Weißt du, wie viel Wolken gehen
weithin über alle Welt?
Gott, der Herr, hat sie gezählet,
dass ihm auch nicht eines fehlet
an der ganzen großen Zahl,
an der ganzen großen Zahl.

2. Weißt du, wie viel Mücklein spielen
in der heißen Sonnenglut?
Wie viel Fischlein auch sich kühlen
in der hellen Wasserflut?
Gott, der Herr, rief sie mit Namen,
dass sie all ins Leben kamen,
dass sie nun so fröhlich sind,
dass sie nun so fröhlich sind.

3. Weißt du, wie viel Kindlein frühe
stehn aus ihrem Bettlein auf,
dass sie ohne Sorg und Mühe
fröhlich sind im Tageslauf?
Gott im Himmel hat an allen
seine Lust, sein Wohlgefallen,
kennt auch dich und hat dich lieb,
kennt auch dich und hat dich lieb.

Guter Mond, du gehst so stille

Text: Karl Wilhelm Ferdinand Enslin (1819–1875)

Melodie: volkstümlich, 18. Jahrhundert

1. Guter Mond, du gehst so stille
durch die Abendwolken hin.
Deines Schöpfers weiser Wille
hieß auf jener Bahn dich ziehn.
Leuchte freundlich jedem Müden
in das stille Kämmerlein,
und dein Schimmer gieße Frieden
ins bedrängte Herz hinein!

2. Guter Mond, du wandelst leise
an dem blauen Himmelszelt,
wo dich Gott zu seinem Preise
hat als Leuchte hingestellt.
Blicke traulich zu uns nieder
durch die Nacht aufs Erdenrund!
Als ein treuer Menschenhüter
tust du Gottes Liebe kund.

3. Guter Mond, so sanft und milde
glänzest du im Sternenmeer,
wallest in dem Lichtgefilde
hehr und feierlich einher.
Menschentröster, Gottesbote,
der auf Friedenswolken thront,
zu dem schönsten Morgenrote
führst du uns, o guter Mond.

Hört, ihr Herrn, und lasst euch sagen

Text: volkstümlich

Melodie: aus Hessen-Darmstadt, 17. Jahrhundert

1. Hört, ihr Herrn, und lasst euch sagen,
unsre Glock' hat zehn geschlagen!
Zehn Gebote setzt Gott ein,
gib, dass wir gehorsam sein.

Menschenwachen kann nichts nützen,
Gott muss wachen, Gott muss schützen.
Herr, durch deine Güt und Macht
gib uns eine gute Nacht.

2. Hört, ihr Herrn, und lasst euch sagen,
unsre Glock' hat elf geschlagen!
Elf der Jünger blieben treu,
einer trieb Verräterei.

Menschenwachen kann nichts nützen,
Gott muss wachen, Gott muss schützen.
Herr, durch deine Güt und Macht
gib uns eine gute Nacht.

3. Hört, ihr Herrn, und lasst euch sagen,
unsre Glock' hat zwölf geschlagen!
Zwölf, das ist das Ziel der Zeit,
Mensch, bedenk die Ewigkeit!

Menschenwachen kann nichts nützen,
Gott muss wachen, Gott muss schützen.
Herr, durch deine Güt und Macht
gib uns eine gute Nacht.

4. Hört, ihr Herrn, und lasst euch sagen,
unsre Glock' hat eins geschlagen!
Ist nur ein Gott in der Welt,
ihm sei all's anheim gestellt.

Alle Sternlein müssen schwinden
und der Tag wird sich einfinden.
Danket Gott, der uns die Nacht
hat so väterlich bewacht!

5. Hört, ihr Herrn, und lasst euch sagen,
unsre Glock' hat zwei geschlagen!
Zwei Weg hat der Mensch vor sich:
Herr, den rechten führe mich!

Alle Sternlein müssen schwinden
und der Tag wird sich einfinden.
Danket Gott, der uns die Nacht
hat so väterlich bewacht!

6. Hört, ihr Herrn, und lasst euch sagen,
unsre Glock' hat vier geschlagen!
Vierfach ist das Ackerfeld:
Mensch, wie ist dein Herz bestellt?

Auf, ermuntert eure Sinnen,
denn es weicht die Nacht von hinnen.
Danket Gott, der uns die Nacht
hat so väterlich bewacht!

Dieses Stundenlied stammt aus einer Zeit, in der die Ortschaften während der Nacht von Nachtwächtern bewacht wurden.

Guten Abend, gut' Nacht

Text: 1. Strophe in Des Knaben Wunderhorn, 1808;

2. Strophe von Georg Scherer (1828–1929)

Melodie: Johannes Brahms (1833–1897), op. 49 Nr. 4

1. Guten Abend, gut' Nacht,
mit Rosen bedacht,
mit Näglein* besteckt,
schlupf unter die Deck.
Morgen früh, wenn Gott will,
wirst du wieder geweckt.
Morgen früh, wenn Gott will,
wirst du wieder geweckt.

2. Guten Abend, gut' Nacht,
von Englein bewacht,
die zeigen im Traum
dir Christkindleins Baum.
Schlaf nun selig und süß,
schau im Traum 's Paradies.
Schlaf nun selig und süß,
schau im Traum 's Paradies.

* *Gewürznelken, denen man eine Heil- und Abwehrwirkung zuschrieb*

Schlaf, Kindlein, schlaf!

Text: in Des Knaben Wunderhorn, 1808

Melodie: Johann Friedrich Reichardt (1752–1814), nach einer Volksweise

1. Schlaf, Kindlein, schlaf!
   Der Vater hüt't die Schaf',
   die Mutter schüttelt 's Bäumelein,
   da fällt herab ein Träumelein.
   Schlaf, Kindlein, schlaf!

2. Schlaf, Kindlein, schlaf!
   Am Himmel ziehn die Schaf',
   die Sternlein sind die Lämmelein,
   der Mond, der ist das Schäferlein.
   Schlaf, Kindlein, schlaf!

3. Schlaf, Kindlein, schlaf!
So schenk ich dir ein Schaf
mit einer goldnen Schelle fein,
das soll dein Spielgeselle sein.
Schlaf, Kindlein, schlaf!

4. Schlaf, Kindlein, schlaf!
Und blök nicht wie ein Schaf!
Sonst kommt des Schäfers Hündelein
und beißt mein böses Kindelein.
Schlaf, Kindlein, schlaf!

5. Schlaf, Kindlein, schlaf!
Geh fort und hüt die Schaf'!
Geh fort, du schwarzes Hündelein
und weck mir nicht mein Kindelein.
Schlaf, Kindlein, schlaf!

Der Mond ist aufgegangen

Text: Matthias Claudius (1740–1815)

Melodie: Johann Abraham Peter Schulz (1749–1800)

1. Der Mond ist aufgegangen,
die goldnen Sternlein prangen
am Himmel hell und klar.
Der Wald steht schwarz und schweiget,
und aus den Wiesen steiget
der weiße Nebel wunderbar.

2. Wie ist die Welt so stille
und in der Dämmrung Hülle
so traulich und so hold
als eine stille Kammer,
wo ihr des Tages Jammer
verschlafen und vergessen sollt!

3. Seht ihr den Mond dort stehen?
Der ist nur halb zu sehen
und ist doch rund und schön!
So sind wohl manche Sachen,
die wir getrost belachen,
weil unsre Augen sie nicht sehn.

4. Wir stolze Menschenkinder
sind eitel arme Sünder
und wissen gar nicht viel.
Wir spinnen Luftgespinste
und suchen viele Künste
und kommen weiter von dem Ziel.

5. Gott, lass dein Heil uns schauen,
auf nichts Vergänglichs trauen,
nicht Eitelkeit uns freun.
Lass uns einfältig werden
und vor dir hier auf Erden
wie Kinder fromm und fröhlich sein!

6. Wollst endlich sonder Grämen
aus dieser Welt uns nehmen
durch einen sanften Tod.
Und wenn du uns genommen,
lass uns in Himmel kommen,
du unser Herr und unser Gott!

7. So legt euch denn, ihr Brüder,
in Gottes Namen nieder!
Kalt ist der Abendhauch.
Verschon uns, Gott, mit Strafen
und lass uns ruhig schlafen
und unsern kranken Nachbar auch!

Müde bin ich, geh zur Ruh

Text: Luise Hensel (1798–1876)
Melodie: volkstümlich

1. Müde bin ich, geh zur Ruh,
schließe meine Augen zu!
Vater, lass die Augen dein
über meinem Bette sein!

2. Hab ich Unrecht heut getan,
   sieh es, lieber Gott, nicht an!
   Deine Gnad und Jesu Blut
   macht ja allen Schaden gut.

3. Alle, die mir sind verwandt,
   Gott, lass ruhn in deiner Hand!
   Alle Menschen, groß und klein,
   sollen dir befohlen sein.

4. Kranken Herzen sende Ruh,
   nasse Augen schließe zu!
   Lass den Mond am Himmel stehn
   und die stille Welt besehn!

Bona Nox

Text und Melodie: Wolfgang Amadeus Mozart (1756–1791)

Bona nox!
Bist a rechter Ochs,
Buona notte,
Liebe Lotte,
Bonne nuit,
Pfui, pfui,
Good night, good night,
Heut' müss' ma no weit,
Gute Nacht, gute Nacht,
's wird höchste Zeit,
Gute Nacht,
Schlaf fei g'sund und
Bleib recht kugelrund!

Suse, liebe Suse, was raschelt im Stroh

Text: Adelheid Wette (1858–1916) nach Des Knaben Wunderhorn, 1808

Melodie: volkstümlich, 19. Jahrhundert

Suse*, liebe Suse,
was raschelt im Stroh?
Die Gänse gehen barfuß
und haben kein' Schuh.
Der Schuster hat 's Leder,
kein'n Leisten dazu.
Drum kann er den Gänslein
auch machen kein' Schuh.

* *»Suse« ist ursprünglich ein beruhigender Laut, der das Kind zum Einschlummern bringen soll. Hier wird er als weiblicher Name gebraucht.*

Dunkel war's, der Mond schien helle
Gedichte und Verse für eine gute Nacht

Marga Arndt

Auf dem Apfelbaum

Auf dem Apfelbaum
ist ein kleines Nest,
Vöglein im Baum
schlafen so fest.
Katze klettert auf den Baum,
weckt die Vöglein aus dem Traum.
Seht! Sie fliegen wie der Wind
fort aus ihrem Nest geschwind.

Dunkel war's, der Mond schien helle

Dunkel war's, der Mond schien helle,
schneebedeckt die grüne Flur,
als ein Wagen blitzesschnelle
langsam um die Ecke fuhr.
Drinnen saßen stehend Leute
schweigend ins Gespräch vertieft,
als ein totgeschossener Hase
auf der Wiese Schlittschuh lief.
Und auf einer roten Bank,
die blau angestrichen war,
saß ein blondgelockter Jüngling
mit kohlrabenschwarzem Haar.
Neben ihm 'ne alte Schachtel,
zählte kaum erst sechzehn Jahr.
Und sie aß ein Butterbrot,
das mit Schmalz bestrichen war.
Droben auf dem Apfelbaume,
der sehr süße Birnen trug,
hing des Frühlings letzte Pflaume
und an Nüssen noch genug.

Hedwig Diestel

Zwei Vöglein

Zwei Vöglein
schlafen im Nest,
ganz fest.

Das Erste erwacht,
flattert und lacht,
fliegt ein Stück
und fliegt ins Nest zurück.

Das Zweite erwacht,
flattert und lacht,
fliegt ein Stück
und fliegt ins Nest zurück.

Nun fliegen sie beide
durch Wald und durch Heide
und lachen vor Glück
und fliegen zurück.

Zwei Vöglein schlafen im Nest,
ganz fest.

August Hoffmann von Fallersleben

Das Lied vom Monde

Wer hat die schönsten Schäfchen?
Die hat der goldne Mond,
der hinter unsern Bäumen
am Himmel droben wohnt.

Er kommt am späten Abend,
wenn alles schlafen will,
hervor aus seinem Hause
zum Himmel leis und still.

Dann weidet er die Schäfchen
auf seiner blauen Flur;
denn all die weißen Sterne
sind seine Schäfchen nur.

Sie tun sich nichts zuleide,
hat eins das andre gern,
und Schwester sind und Brüder
da droben Stern an Stern.

Michael Ende

Zum Einschlafen zu murmeln

Dusel dusel schummerlich
mir ist schon so schlummerlich.
Nur die gute alte Uhr
macht ihr Ticktack auf dem Flur.

Feines Kissen, weich und warm.
Liebes Kuscheltier im Arm.
Den Papa und die Mama
hab ich lieb und sie sind da.

Nirgends ist es wie im Bett
so gemütlich und so nett.
Was wohl morgen werden mag?
Morgen wird ein schöner Tag.

Dusel dusel schummerlich
Sachte Welle schaukelt mich,
wie auf einem Schiffchen leise
geh ich auf die Traumesreise.

Joseph von Eichendorff

Schläft ein Lied in allen Dingen

Schläft ein Lied in allen Dingen,
Die da träumen fort und fort;
Und die Welt hebt an zu singen,
Triffst du nur das Zauberwort.

Großer Stern und kleiner Stern

Großer Stern und kleiner Stern,
Abenddämmern nah und fern,
Lichtlein schimmern überall,
unser Kühlein steht im Stall.
Kühlein und das Kälbchen,
Schwalbe und das Schwälbchen,
Schaf und Lamm beisammen sind,
jede Mutter hat ihr Kind,
jedes Kind die Mutter sein –
alle, alle schlafen ein.

Georg Christian Dieffenbach

Leise gehet, leise wehet

Leise gehet,
leise wehet
durch die Zweige hin
der Wind,
auf und nieder,
hin und wieder
schaukelt er
das Vogelkind.

Bianka Minte-König

Zehn kleine Müdlinge

»Ab ins Bett! Schlafenszeit!«

Das ist der Weckruf für die Müdlinge.
Eilig krabbeln sie aus ihrem geheimen Versteck,
in dem sie den Tag verschlafen haben.
Jetzt ist ihre Stunde gekommen.
Husch, sind sie auch schon auf dem Weg zu den Kindern,
um sie so richtig schön müde zu machen.
Damit das Einschlafen leichter fällt.
Schau, sie drängeln sich schon tatendurstig vor dem Mauseloch, das in dein Zimmer führt.
Können es gar nicht mehr abwarten.
Wollen sofort mit ihrer Arbeit beginnen.
Sind ganz wild darauf, dich ins Bett zu bringen.

Aber langsam, immer schön der Reihe nach …

Ein kleiner Müdling kriecht abends aus dem Loch,
du läufst schnell vor ihm davon – er fängt dich aber doch.
Er kitzelt dich, zupft dich am Haar,
und du wirst müde, ist doch klar!

Zwei kleine Müdlinge spielen mit deinen Sachen,
sie kichern und sie necken dich und bringen dich zum Lachen.

Du wirst immer müder, sie lassen nicht ab,
du plumpst auf den Boden und bist schon ganz schlapp.

Drei kleine Müdlinge toben mit dir durchs Haus,
doch Mama stoppt die wilde Jagd und ruft: »Das Spiel ist aus!«
Erschöpft willst du dich auf die Treppe hocken,
da klauen die Müdlinge dir deine Socken!

Vier kleine Müdlinge naschen von Nudeln und Fisch,
du gibst einfach keine Ruh und hampelst rum am Tisch.
Bist zwar schon müde, aber willst nicht ins Bett.
Denn gerade jetzt spielt sich's so nett!

Fünf kleine Müdlinge begleiten dich nach dem Essen
zur Toilette und ins Bad. Zähneputzen nicht vergessen!
Du trödelst herum, magst nicht schlafen geh'n,
denn das Spritzen und Plantschen ist einfach zu schön.

Sechs kleine Müdlinge sind außer Rand und Band.
Du zappelst und die Mama stöhnt, den Schlafanzug in der Hand.
Da zwinkern die Müdlinge sich listig zu.
Und du wirst wieder müde und gibst endlich Ruh.

Sieben kleine Müdlinge sehen mit Vergnügen,
wie du auf Papas Arm versuchst, den Schlaf noch zu besiegen.
Doch du kannst nichts tun, strampeln hat keinen Zweck,
die Müdlinge gehen einfach nicht weg.

Acht kleine Müdlinge werden plötzlich brav,
wenn Papa abends für dich liest vom weißen Wolkenschaf.
Aus ihren Säckchen streuselt der allerfeinste Sand,
den haben sie aus dem Traumland, von einem schönen Strand.

Neun kleine Müdlinge lauschen froh der Weise,
wenn Mama dir ein Schlaflied singt, summen sie ganz leise.
Dann verstreuen sie Traumsand im ganzen Raum,
du schläfst schon fast und merkst es kaum.

Zehn kleine Müdlinge bringen dich ins Bett,
sie haben es wieder mal geschafft und sind ganz lieb und nett.
Im Mondlicht und beim Sterngefunkel bewachen sie deine Ruh,
drum träume süß und schlafe schön und mach die Augen zu!

Vor der Türe

Vor der Türe schläft der Baum,
durch den Garten zieht ein Traum.
Langsam schwimmt der Mondeskahn
und im Schlafe kräht der Hahn.
Schlaf, mein Kindchen, schlaf.

Johann Wolfgang von Goethe

Ein Gleiches

Über allen Gipfeln
ist Ruh,
in allen Wipfeln
spürest du
kaum einen Hauch;
die Vögelein schweigen im Walde.
Warte nur, balde
ruhest du auch.

Christian Tielmann

Hundemüde Hunde

Wenn sieben junge Hunde, die ganz früh morgens aufgewacht sind – quietschfidel wie immer, und schon beim Frühstück gestritten haben, wer das größte Stück von der Wurst abkriegt, und sich dann im Garten versteckt haben;

wenn sieben junge Hunde, die mit der Katze dumme Kuh gespielt haben, mit dreckigen Pfoten zum Mittagsnapf gekommen sind und am Nachmittag das Haus auf den Kopf gestellt haben;

wenn diese sieben jungen Hunde am Abend nach Hause kommen – was glaubst du, was dann passiert?

Dann werden sie gewaschen und geföhnt und putzen sich von den Zähnen bis zur Schwanzspitze.

Und dann? Dann rufen die sieben jungen Hunde: »Wir sind aber noch ganz wach und quietschfidel wie immer!«

»Wenn das so ist«, sagen die Eltern, »dann könnt ihr ja noch das Haus und den Garten aufräumen!«

Dann gähnen die sieben jungen Hunde, was das Zeug hält, und murmeln: »Sooo wach und quietschfidel sind wir doch nicht mehr.« Sie bekommen sieben doppelte Gute-Nacht-Küsse auf die feuchten Schnauzen und klappen die Ohren über die Augen.

Denn nach so einem anstrengenden Tag sind die sieben jungen Hunde hundemüde.

Clemens Brentano

Wiegenlied

Singet leise, leise, leise,
Singt ein flüsternd Wiegenlied,
Von dem Monde lernt die Weise,
Der so still am Himmel zieht.

Singt ein Lied so süß gelinde,
Wie die Quellen auf den Kieseln,
Wie die Bienen auf die Linde
Summen, murmeln, flüstern, rieseln.

In meinem Garten steht ein Bäumchen

In meinem Garten
steht ein Bäumchen,
hängen daran
viel goldene Träumchen.
Aber solange mein Kindchen noch munter,
fällt ihm kein Träumchen vom Bäumchen herunter.
Schlafe, mein Kindchen, schlaf ein.

Joseph von Eichendorff

Mondnacht

Es war, als hätt der Himmel
die Erde still geküsst,
dass sie im Blütenschimmer
von ihm nun träumen müsst.

Die Luft ging durch die Felder,
die Ähren wogten sacht,
es rauschten leis die Wälder,
so sternklar war die Nacht.

Und meine Seele spannte
weit ihre Flügel aus,
flog durch die stillen Lande,
als flöge sie nach Haus.

Der Herr, der schickt den Jockel aus

Der Herr, der schickt den Jockel aus,
er soll den Hafer schneiden.
Der Jockel schneid't den Hafer nicht
und kommt auch nicht nach Haus.

Da schickt der Herr den Pudel aus,
er soll den Jockel beißen.
Der Pudel beißt den Jockel nicht,
der Jockel schneid't den Hafer nicht
und kommt auch nicht nach Haus.

Da schickt der Herr den Prügel aus,
er soll den Pudel hauen.
Der Prügel haut den Pudel nicht,
der Pudel beißt den Jockel nicht,
der Jockel schneid't den Hafer nicht
Und kommt auch nicht nach Haus.

Da schickt der Herr das Feuer aus,
es soll den Prügel brennen.
Das Feuer brennt den Prügel nicht,
der Prügel haut den Pudel nicht,
der Pudel beißt den Jockel nicht,
der Jockel schneid't den Hafer nicht
und kommt auch nicht nach Haus.

Da schickt der Herr das Wasser aus,
es soll das Feuer löschen.
Das Wasser löscht das Feuer nicht,
das Feuer brennt den Prügel nicht,
der Prügel haut den Pudel nicht,
der Pudel beißt den Jockel nicht,
der Jockel schneid't den Hafer nicht
und kommt auch nicht nach Haus.

Da schickt der Herr den Ochsen aus,
er soll das Wasser saufen.
Der Ochse säuft das Wasser nicht,
das Wasser löscht das Feuer nicht,
das Feuer brennt den Prügel nicht,
der Prügel haut den Pudel nicht,
der Pudel beißt den Jockel nicht,
der Jockel schneid’t den Hafer nicht
und kommt auch nicht nach Haus.

Da schickt der Herr den Metzger aus,
er soll den Ochsen schlachten.
Der Metzger schlacht' den Ochsen nicht,
der Ochse säuft das Wasser nicht,
das Wasser löscht das Feuer nicht,
das Feuer brennt den Prügel nicht,
der Prügel haut den Pudel nicht,
der Pudel beißt den Jockel nicht,
der Jockel schneid't den Hafer nicht
und kommt auch nicht nach Haus.

Da geht der Herr nun selbst hinaus
und macht gar bald ein Ende draus.
Der Metzger schlacht' den Ochsen,
der Ochse säuft das Wasser,
das Wasser löscht das Feuer,
das Feuer brennt den Prügel,
der Prügel haut den Pudel,
der Pudel beißt den Jockel,
der Jockel schneid't den Hafer
und kommt auch gleich nach Haus.

Rainer Maria Rilke

Zum Einschlafen zu sagen

Ich möchte jemanden einsingen,
bei jemandem sitzen und sein.
Ich möchte dich wiegen und kleinsingen
und begleiten schlafaus und schlafein.

Ich möchte der Einzige sein im Haus,
der wüsste: die Nacht war kalt.
Ich möchte horchen herein und hinaus
In dich, in die Welt, in den Wald.
Die Uhren rufen sich schlagend an,
und man sieht der Zeit auf den Grund.
Und unten geht noch ein fremder Mann
Und stört einen fremden Hund.
Dahinter wird Stille. Ich habe groß
die Augen auf dich gelegt;
und sie halten dich sanft und lassen dich los,
wenn ein Ding sich im Dunkel bewegt.

Blinke, blinke, kleiner Stern

Blinke, blinke, kleiner Stern,
hoch am Himmelszelt so fern!
Hell erstrahlt dein goldner Schein,
funkelst wie ein Edelstein.
Darum hab ich dich so gern,
lieber, kleiner Blinkestern.

Bleib bei mir
die ganze Nacht
und andere
Abendgebete

Abends, wenn ich schlafen geh

Abends, wenn ich schlafen geh,
vierzehn Engel bei mir stehn:
zwei zu meiner Rechten,
zwei zu meiner Linken,
zwei zu meinen Häupten,
zwei zu meinen Füßen,
zwei, die mich decken,
zwei, die mich wecken,
zwei, die mich weisen,
ins Himmels Paradeisen.

Bleibe bei uns, Herr

Bleibe bei uns, Herr,
denn es will Abend werden,
und der Tag hat sich geneigt.
Bleibe bei uns und bei allen deinen Kindern
in Zeit und Ewigkeit.
Amen.

Kirchengebet

Schon glänzt der goldne Abendstern

Schon glänzt der goldne Abendstern.
Gut Nacht, ihr Lieben nah und fern,
schlaft ein in Gottes Frieden!
Die Blume schließt die Äuglein zu,
der kleine Vogel geht zur Ruh,
bald schlummern alle Müden.
Du aber schläfst und schlummerst nicht,
du treuer Gott im Sternenlicht,
dir will ich mich vertrauen.

O hab auf mich, dein Kindlein, acht!

O hab auf mich, dein Kindlein, acht!
Lass mich nach einer guten Nacht
die Sonne fröhlich schauen!

Bleib bei mir die ganze Nacht

Die Blumen und Vögel
sind längst schon zur Ruh,
jetzt mache auch ich
meine Augen gleich zu.
Ruhig schlaf ich, ruhig träum ich
die ganze Nacht,
weil droben im Himmel mein Gott mich bewacht.

Der Tag war schön

Lieber Gott,
heute war der Tag so schön,
leider muss ich schlafen gehn.
Lass mich, lieber Vater mein,
morgen wieder fröhlich sein.
Amen.

Der Herr segne uns

Der Herr segne uns
und beschütze uns!
Der Herr blicke uns freundlich an
und schenke uns seine Liebe!
Der Herr wende uns sein Angesicht zu
und gebe uns Glück und Frieden!
4. Mose 6, 24–26

Autorenverzeichnis

Arndt, Marga: Auf dem Apfelbaum 199
Aurbacher, Ludwig: Der Schneider im Mond 155

Bechstein, Ludwig: Das Märchen vom Mann
im Mond 86
Brentano, Clemens: Wiegenlied 212
Bröger, Achim: Ich erzähl mir, wie der Tag war 123
Bröger, Achim: Kleiner-Bär findet was Schönes 46

Dieffenbach, Georg Christian: Leise gehet,
leise wehet 205
Diestel, Hedwig: Zwei Vöglein 201
Dietl, Erhard: Schlaf gut, kleine Maus 76

Eichendorff, Joseph von: Mondnacht 213
Eichendorff, Joseph von: Schläft ein Lied in
allen Dingen 204
Ende, Michael: Das Traumfresserchen 35
Ende, Michael: Zum Einschlafen zu murmeln 203

Fuchs, Thomas: Die Lampe 88

Glitz, Angelika: Monster unter Willis Bett 98
Goethe, Johann Wolfgang von: Ein Gleiches 209

Heuck, Sigrid: Das Mondkuhparadies 57
Heuck, Sigrid: Mond und Elefantenzahn 107
Hoffmann von Fallersleben, August: Das Lied
vom Monde 202
Hohlbein, Rebecca: Max und das
Bettkastenmonster 125

Keller, Gottfried: Die Glühwürmchen
und die Sterne 97
Kuckero, Ulrike: Gute Nacht, Fränzchen! 113

Milan: Eine kleine Gutenachtgeschichte 29
Minte-König, Bianka: Zehn kleine Müdlinge 206
Moost, Nele: Der Mondhund 44

Preußler, Otfried: Das sommersprossigste
Kind der Welt 52
Preußler, Otfried: Wenn Zwottel
schnü-schna-schnurcht 134

Rilke, Rainer Maria: Zum Einschlafen zu sagen 218

Schlüter, Manfred: Kein Mensch hat was gemerkt 139
Schreiber-Wicke, Edith: Ein Rabe kommt
selten allein 102
Schultheis, Ulrike: Mit Jule durch den Tag 81
Storm, Theodor: Der kleine Häwelmann 158

Tielmann, Christian: Hundemüde Hunde 210

Ullrich, Hortense: Herr Schnäufel sucht
einen Freund 145

Wölfel, Ursula: Die Geschichte vom Gähnen 121
Wölfel, Ursula: Die Geschichte von der Nacht-Ente ... 80
Wölfel, Ursula: Dunkles Zimmer 154

Alphabetisches Verzeichnis

Abends, wenn ich schlafen geh 223
Auf dem Apfelbaum 199

Bleib bei mir die ganze Nacht 225
Bleibe bei uns, Herr 223
Blinke, blinke, kleiner Stern 220
Bona Nox 192

Das ist der Daumen 22
Das Lied vom Monde 202
Das Märchen vom Mann im Mond 86
Das Mondkuhparadies 57
Das sommersprossigste Kind der Welt 52
Das Traumfresserchen 35
Der Herr segne uns 226
Der Herr, der schickt den Jockel aus 214
Der ist ins Wasser gefallen 22
Der kleine Häwelmann 158
Der Mond ist aufgegangen 186
Der Mondhund 44

Der Schneider im Mond 155
Der Tag war schön 226
Die Geschichte vom Gähnen 212
Die Geschichte von der Nacht-Ente 80
Die Glühwürmchen und die Sterne 97
Die Lampe 88
Dunkel war's, der Mond schien helle 200
Dunkles Zimmer 154

Ein Gleiches 209
Eine kleine Gutenachtgeschichte 29
Ein Rabe kommt selten allein 102
Erst kommt der Sonnenkäferpapa 24

Gille, gille, Gänschen 25
Großer Stern und kleiner Stern 205
Gute Nacht, Fränzchen! 113
Guten Abend, gut' Nacht 180
Guter Mond, du gehst so stille 174

Herr Schnäufel sucht einen Freund 145
Himpelchen und Pimpelchen 20
Hoppe, hoppe Reiter 23
Hört, ihr Herrn, und lasst euch sagen 176
Hundemüde Hunde 210

Ich erzähl mir, wie der Tag war 123
In meinem Garten steht ein Bäumchen 212

Kein Mensch hat was gemerkt 139
Kleiner-Bär findet was Schönes 46

La-le-lu 167
Leise gehet, leise wehet 205

Macht die Säge siege-sage 21
Max und das Bettkastenmonster 125
Mit Jule durch den Tag 81
Mond und Elefantenzahn 107
Mondnacht 213
Monster unter Willis Bett 98
Müde bin ich, geh zur Ruh 190

Nasenmann 25

O hab auf mich, dein Kindlein, acht 225

Schlaf gut, kleine Maus 76
Schlaf, Kindlein, schlaf! 182
Schlaf, mein kleines Mäuschen 170
Schläft ein Lied in allen Dingen 204
Schon glänzt der goldne Abendstern 224
Suse, liebe Suse, was raschelt im Stroh 194

Vor der Türe 208

Weißt du, wie viel Sternlein stehen 171
Wenn Zwottel schnü-schna-schnurcht 134
Wiegenlied 212

Zehn kleine Müdlinge 206
Zehn kleine Zappelmänner 19
Zum Daumen sag ich eins 21
Zum Einschlafen zu murmeln 203
Zum Einschlafen zu sagen 218
Zwei Vöglein 201

Quellenverzeichnis

Sofern nicht anders vermerkt, liegen die Rechte der in diesem Band abgedruckten Beiträge beim Thienemann Verlag (Thienemann Verlag GmbH, Stuttgart/Wien) oder sind frei.

Bröger, Achim: Kleiner-Bär findet was Schönes © by Achim Bröger.

Dietl, Erhard: Schlaf gut, kleine Maus © by Erhard Dietl.

Fuchs, Thomas: Die Lampe © by Thomas Fuchs.

Heuck, Sigrid: Das Mondkuhparadies © by Sigrid Heuck.
Dies.: Mond und Elefantenzahn © by Sigrid Heuck.
Hohlbein, Rebecca: Max und das Bettkastenmonster © by Rebecca Hohlbein.

Kuckero, Ulrike: Gute Nacht, Fränzchen! © by Ulrike Kuckero.

La-le-lu: von Heino Gaze für den Spielfilm »Wenn der Vater mit dem Sohne« (1950, mit Heinz Rühmann) geschrieben. © 1950 by Peter Schaeffers Musikverlag.

Milan: Eine kleine Gutenachtgeschichte © by Milan.
Minte-König, Bianka: Zehn kleine Müdlinge © by Bianka Minte-König.
Moost, Nele: Der Mondhund © by Nele Moost.

Schlüter, Manfred: Kein Mensch hat was gemerkt © by Manfred Schlüter.
Schreiber-Wicke, Edith: Ein Rabe kommt selten allein © by Edith Schreiber-Wicke.
Schultheis, Ulrike: Mit Jule durch den Tag © by Ulrike Schultheis.

Ullrich, Hortense: Herr Schnäufel sucht einen Freund © by Hortense Ullrich.

Wölfel, Ursula: Dunkles Zimmer © by Ursula Wölfel.

Zwei Vöglein: von Hedwig Diestel, aus: Internationale Vereinigung der Waldorfkindergärten: »Rhythmen und Reime.« Stuttgart. 7. Aufl. 1995. © Verlag Freies Geistesleben.

Abdruck mit freundlicher Genehmigung der Autoren und Verlage.

Leider ist es trotz gewissenhafter Suche in einigen Fällen nicht möglich gewesen, die Rechteinhaber einzelner Beiträge zu ermitteln. Diese bitten wir, sich mit dem Verlag in Verbindung zu setzen.

Weigand, Kristin (Hrsg.):
Alles für eine gute Nacht
ISBN 978 3 522 17955 3

Einband- und Innenillustrationen: Carola Holland
Einbandtypografie: Michael Kimmerle
Schrift: Bodoni
Satz: KCS GmbH, Buchholz/Hamburg
Notensatz: Michael Schlierf, Eberdingen-Nussdorf
Reproduktion: Medienfabrik, Möglingen
Druck und Bindung: Friedrich Pustet, Regensburg
© 2007 by Thienemann Verlag (Thienemann Verlag GmbH), Stuttgart/Wien
Printed in Germany. Alle Rechte vorbehalten.
5 4 3 2 1°   07 08 09 10

www.thienemann.de

Vorlesespaß in Hülle und Fülle

Kristin Weigand (Hrsg.)

100 und eine Geschichte zum Vorlesen

448 Seiten mit Illustrationen · ISBN 978 3 522 17850 1

Ein Sofa, das die Masern hat. Eine Spinnenfamilie, die nach Berlin fliegt. Ein Gespenst, das auf einer Bananenschale ausrutscht. 100 und eine Geschichte zum Lachen, zum Schmunzeln, zum Nachdenken – vor allem aber zum Vorlesen. Erzählt werden sie von Achim Bröger, Michael Ende, Max Kruse, Jo Pestum, Otfried Preußler, Ursula Wölfel und vielen anderen bekannten Thienemann-Autoren.

Für alle Großen, die gern Geschichten vorlesen, und alle Kleinen, die sich gern Geschichten vorlesen lassen!